KB200865

천 번의 순종

천 번의 순종

이시온 선교사

규장

작은 자들과 함께 떠나는
순종의 항해

2014년 11월의 어느 날

하루 종일 아무것도 하지 않고 가만히 앉아 있어도 온몸에서 땀이 물 흐르듯 흐릅니다. 몸 여기저기에 붉은 반점들이 생기고 그 위에 아무리 약을 발라도 몸에 흉터만 생길 뿐 몸은 여전히 가렵고 따갑습니다. 잠을 자려고 누우면 깨지 않고 자는 것이 은혜입니다.

그렇게 오늘도 하루를 시작합니다. 주 앞에 앉아 말씀을 읽습니다. 오늘은 무슨 말씀을 하실지, 나는 오늘 하나님 앞에서 어떻게 하루를 살아야 할지 묵상합니다.

아름다운 소식을 시온에 전하는 자여 너는 높은 산에 오르라 아름다운 소식을 예루살렘에 전하는 자여 너는 힘써 소리를 높이라 두려워하지 말고 소리를 높여 유다의 성읍들에게 이르기를 너희의 하나님을 보라 하라 사 40:9

세상은 아름답지 않습니다. 이 지구와 그 안에 살고 있는 사람들은 곪아가고 병들어가고 있습니다. 내가 사는 이 땅도 마찬가지입니다. 그럼에도 정작 그들은 자신들이 곪고 병들어가고 있음을 모르고 있습니다. 썩어가는 살을 보면서도 아픔을 느끼지 못하는 것 같습니다. 고름이 흘러서 흉하게 냄새가 나지만 아무도 그 냄새를 맡지 못하고 있습니다.

믿는 사람이든 믿지 않는 사람이든 아름다운 소식을 모르는 사람들은 이렇게 스스로를 병들게 하면서 여전히 또 다른 사람들을 병들게 하고 있음을 보게 됩니다. 몸이 아니라 영혼이 병들어가고 있는 사람들이 온 천지에 가득합니다.

나는 온통 병들고 곪아서 살이 썩어가는 사람들 속에 있습니다. 옆에만 있어도 냄새가 나고 속이 메슥거립니다. 불의가 친구고 거짓이 스승입니다. 약하고 소외된 사람들을 이용해 자신의 배를 채웁니다. 소외된 자들에게는 땅에 떨어진 부스러기조차도 허락하지 않습니다. 정의를 외치는 사람들은 돌에 맞을 수도 있고 옳은 길을 가는 사람들이 당당할 수 없는 것이 이 세상의 현실이 되어 버렸습니다.

모세의 시대에 광야에서 뱀에 물려 죽어가는 사람들을 향해 놋뱀을 주신 하나님이 생각납니다. 광야에서 뱀에 물린 사람들은

5

약을 얻을 수 없었습니다. 그냥 죽어가야 하는데 하나님은 놋뱀을 만들어 그것을 쳐다보는 사람들은 치유되는 놀라운 은혜를 주셨습니다.

지금도 온 땅에서 몸과 영혼에 병을 안고 살아가고 있는 사람들에게 "하나님을 보라"라고 외치라 합니다. 하나님을 보면 나을 수 있는 병임에도 사람들은 스스로 죽어가고 있음을 인지하지 못한 채 썩은 고름 냄새를 맡으며 하루하루를 살아가고 있습니다.

내가 아름다운 소식을 전하는 사람이라면, 높아 보이는 산을 오르는 것을 멈추지 말아야 하고 어떤 상황에도 두려움 없이 소리를 높여 하나님을 보라 해야 합니다.

자신들이 타고 갈 배가 바다 한가운데서 좌초하여 침몰하게 될 것을 알고도 배를 타는 사람은 없습니다. 누구도 그런 배는 타지 않을 것입니다.

나는 지금 바다 한가운데서 좌초할 것이 뻔한 배를 타야 합니다. 피할 수도 없고, 그렇다고 망망대해를 건너갈 배를 버릴 수도 없습니다. 이 배에는 세상의 작은 자들이 타고 있습니다. 힘없는 자들입니다. 이들을 싣고 망망대해를 건너가야 하는데 우리가 탈 배는 너무 허름하고 힘이 없습니다. 나는 그 배를 끌고 가는 사람 중에 한 사람입니다.

깊은 한숨이 몰아치고 여전히 어떻게 해야 할지 모르는 연약함에 머물러 있습니다. 아직도 저들을 진정으로 도와줄 수 있는 것이 무엇인지 알 수 없다는 막막함이 앞을 가립니다.

저와 이 배가 침몰하지 않도록 기도해주십시오.

이 편지를 쓴 지 얼마 지나지 않았는데, 두 번째로 출간될 원고를 마지막으로 정리하고 있습니다. 얼마간 원고를 읽다가는 비 오듯 흐르는 땀을 닦아내야 하고, 엉덩이에는 진물이 나 있어서 책상에 오래 앉아 있는 것이 어렵습니다. 앉았다 섰다를 몇 번씩 반복하며 겨우 원고를 읽고 나면 이제는 충전해놓은 배터리가 떨어져 다시 전기가 들어올 때까지 멍하니 기다려야 합니다.

《천 개의 심장》에 이어 나오는 책의 제목이 《천 번의 순종》이 되었습니다. 하지만 제게 중요한 것은 책 제목이 무엇이냐가 아니라 이 제목처럼 살아가는 것입니다.

두 번째 원고를 쓰기까지 또 한 번 숙고의 기간을 가졌습니다. 말씀을 전하고 글을 쓰는 게 저의 주 사역은 아니기에 주님이 주시는 생각과 마음을 어떻게 글로 표현할 수 있을지가 늘 숙제였습니다. 어찌 되었던 저 자신이 이 책의 주인공이 아니라 주님이 주인공이 되기를 소망하는 그 마음을 잊지 않는 것이 저의 간절한 바람입니다.

이전 책이 산골짜기에서 살면서 겪은 주님과의 이야기, 나를 만지시고 고쳐주신 그분의 사랑 이야기였다면, 이번 책에는 우리 인생들과 교회와 주님의 사람에 대한 주님의 마음을 담아보려 했습니다. 글을 쓰면서 마음이 아프기도 하고 답답하기도 하고 슬프기도 했습니다. 그 반면에 우리를 향한 주님의 따뜻한 시선과 사랑을 경험하기도 했습니다.

첫 아이가 생겼을 때 태명을 '순종'으로 했었습니다. 어떤 분들은 "아이가 태어나기도 전에 부담백배"라고 농담을 하시곤 했습니다. 아이가 태어난 후에도 아이에게 제일 먼저 순종을 가르치려고 했습니다. 부모에게 진정한 순종을 배워야 하나님께도 순종할 수 있다고 믿기 때문입니다. 그것이 이 아이가 앞으로 세상을 살아가면서 하나님의 뜻을 이루고 필요한 모든 지혜와 힘을 얻을 수 있는 근원이라고 믿기 때문입니다. 또한 아이를 가르치면서 저도 순종을 배우기 때문이고, 제가 순종하지 않고는 다음 세대에게 순종을 가르칠 수 없기 때문입니다.

순종은 처음이고 또 끝입니다.

믿음의 선배들은 모두 이 순종의 자리를 떠나지 않았습니다. 그 누구도 순종의 자리에서는 하나님을 떠날 수 없으며, 그 누구도 순종의 자리에서는 하나님이 없다 하지 않았습니다. 그 누구도 순종의 자리에서는 좌절을 겪지 않았고, 순종의 자리에서 떠나 하나님을 안다 하는 이도 없었습니다.

이 책은 제가 어떻게 하나님께 순종했는지를 기록한 책이 아닙니다. 어떻게 해야 순종을 잘 하는지의 방법을 다루지도 않았습니다. 순종을 통해 얻게 되는 축복에 대한 이야기도 아닙니다. 주님과 함께, 주님의 심장으로 하나님의 꿈을 이루고 싶어 하는, 하나님이 기다리는 그 사람들을 위한 이야기입니다.

순종을 잃어버린 세대와 아픈 마음으로 그들을 바라보며 기다리시는 하나님, 가야 할 길을 모르고 걷다가 쓰러져 있는 사람들을 향한 쓰라린 주님의 마음, 배는 부르지만 공허함과 허전함으로 방황하는 사람들에 대한 하나님의 안타까움, 종교적인 습관과 형식에 매여 세상과 하나님의 나라를 구분하지 못하고 살아가는 우리의 모습 속에서 주님의 기대는 무엇인지 표현하고 싶었습니다.

내가 있어야 할 순종의 자리, 그 자리를 떠나서 살아가는 수많은 사람들에게 주님은 이천 년 전에도 말씀하셨고, 지금도 말씀하십니다.

내가 하늘에서 내려온 것은 내 뜻을 행하려 함이 아니요 나를 보내신 이의 뜻을 행하려 함이니라 나를 보내신 이의 뜻은 내게 주신 자 중에 내가 하나도 잃어버리지 아니하고 마지막 날에 다시 살리는 이것이니라
요 6:38,39

주님은 아버지의 뜻을 명확히 아셨습니다. 그것은 주님께 주신 모든 사람들을 하나도 잃어버리지 않는 것입니다. 예수님은 자신을 보내신 아버지의 뜻에 순종하는 것에 모든 것을 거셨습니다. 아버지의 뜻 외에는 아무것도 없었습니다. 그 뜻을 이루기 위해 부단히 수고하고 땀 흘리셨습니다.

지금도 주님의 마음은 그 사람들을 향해 있습니다. 하나님에 대한 예수님의 순종이 지금 우리에게 머물러 있습니다. 예수님의 순종이 없었으면 지금 우리도 없습니다.

저는 지금 순종의 땅에 있습니다. 제가 타고 갈 배가 너무 약해서 이 망망대해를 잘 건널 수 있을지 모르겠습니다. 하지만 저는 배를 보지 않습니다. 하나님이 제게 허락하신 사람들을 봅니다. 이 사람들은 너무 작아서 다른 사람들의 눈에 잘 띄지 않습니다. 있는 듯 없는 듯 소외되고 보잘것없는 사람들, 아무도 관심이 없는 사람들입

니다. 배고픈 사람들이지만 그들의 눈에서 주님을 봅니다.

저는 이들과 한 배를 탔습니다. 그리고 이 배의 선장은 우리 주님이십니다. 이제 주님과 함께 저 광활한 바다를 순종으로 건너가렵니다.

이시온

프롤로그

차례

'천 개의 심장'은 내게 있는 것이 아니라 나를 보내신 예수님께 있다. 그분의 심장은 요란
하지도 시끄럽지도 않다. 가까이 다가가서 가만히 들어야만 들을 수 있을 정도로 조용하
고 고요하다. 그러나 때로는 마치 큰 파도가 밀려오는 것처럼 터질 듯한 소리를 내기도
한다.

PART 1

희미해지는
심장을
일깨우라

1

하나님의 심장 소리에
반응하라

*

　나는 또 다른 개척지에 와 있다. 전쟁같이 어이지는 매일의 시간 속에서 마음을 다잡고 글을 쓴다.

　《천 개의 심장》을 읽은 많은 사람들의 이야기를 들었다. 그중에는 나를 모르는 사람, 내가 모르는 사람이 태반이었음에도 주님은 그들의 이야기를 내게 들려주셨다. 어떤 사람들은 잠자고 있던 심장이 깨어나 뛰기 시작했다고 했고, 어떤 사람들은 병들었던 심장이 어느덧 다시 뛰고 있다고 했다. 어떤 사역자들은 자신의 부르심을 다시 확인했다고, 어떤 이들은 주춤거리던 발걸음에 힘이 실렸다고도 했다. 넘어져 있던 사람들이 일어나고, 포기하려던 사람들이 다시 앞으로 나아가는 일이 있었다고 했다. 살아 있는 주님의 심장 소리를 들려주시는 것 같았다.

'천 개의 심장'은 내게 있는 것이 아니라 나를 보내신 예수님께 있다. 그분의 심장은 요란하지도 시끄럽지도 않다. 가까이 다가가서 가만히 들어야만 들을 수 있을 정도로 조용하고 고요하다. 그러나 때로는 마치 큰 파도가 밀려오는 것처럼 터질 듯한 소리를 내기도 한다.

인간은 어머니의 배 속에서 자기를 사랑하는 사람의 심장 소리를 처음으로 듣고, 태어나서는 젖을 먹으며 그 어머니의 심장 소리를 들으며 자란다. 그 아이가 자라 부모가 되면 아직 태어나지도 않은 새로운 생명, 태아의 심장 소리를 듣게 된다. 생명의 신비를 만나는 순간이다.

나는 첫째 아이와 이제 태어날 셋째 아이의 첫 심장 소리를 최전방 선교지에서 들었다. 이렇게 척박한 땅에서도 하나님이 주신 새 생명의 심장 소리를 들을 수 있다는 게 꿈만 같았다. 그리고 그 소리를 듣는 순간 살아 있음을 느꼈다. 이 땅에서 생명이 살아 있음을, 하나님의 생명은 이런 황무지 같은 땅에도 아름답게 피어나고 있음을 알게 되었다.

내 심장은 어떤 상태인가

예수님의 심장 소리를 들을 수 있다면 그 사람은 자신 안에서 들려오는 그분의 심장 소리도 들을 수 있게 될 것이다. 그리고 그분의 심장을 가지고 사는 사람이 될 것이다. 심장은 쉬지 않고 뛰어야 한다. 주님의 심장은 여전히 우리와 함께 뛰고 있다. 이 심장은 우리의 삶을 말해주고, 우리를 지탱해준다. 심장은 우리가 살아 있다는 증거이다.

예수님은 자신의 심장을 혼자만 소유하려 하지 않으신다. 그분은 그 심장을 이 땅에 거하는 그분의 사람들에게 나눠주신다. 그리고 그분의 심장이 뛰듯이 우리의 심장도 뛰게 하신다. 그것은 열방을 향한 심장, 잃어버린 영혼을 향한 심장이다!

예수님은 그 심장으로 사는 그분의 사람들로 말미암아 감동하고 놀라신다. 예수님의 심장이 크게 뛸 때는 그분의 아들과 딸들이 그 심장을 가지고 살 때이다. 비록 가난하지만 주신 것에 감사할 때 그분의 심장은 힘차게 뛴다. 가야 할 길이 멀지만 가라 하시는 말씀에 순종해 그 길을 마다하지 않고 걸어가는 사람들을 볼 때 그렇다.

예기치 않은 고난을 만났지만 침착하게 주 앞에 무릎을 꿇고 두 손을 모을 때도 예수님의 심장은 거세게 뛴다. 내 입에 풀칠할 것도 없지만 '더 가난한 사람들에게 주라' 하시니 기꺼이 내 입의 음식을 빼서 그들의 입에 넣어줄 때도 그분의 심장은 가만히 있지 않는다.

물질의 노예가 되어 살아가느니 차라리 가난을 택한 사람들을 보실 때 그렇다. 주님을 향한 간절함이 온몸에 가득해 그분 앞에 고개조차 들지 못하고 눈물로 예배드리는 사람들을 볼 때 예수님의 심장은 가쁘게 뛸 것이다. 주님을 모르던 영혼이 주님의 이름을 처음 부르는 소리를 들으실 때 그분의 심장은 터져나갈 듯 뛸 것이다.

반면, 세상의 부를 쌓기 위해 세상의 방법대로 살아가는 우리의 하루하루는 예수님의 심장을 지치게 한다. 남들처럼 살아보겠다고 부단히 노력해서 원하는 것을 얻었지만, 그 길이 어디로 향하고 있는지, 어떻게 사는 게 맞는 것인지도 모른 채 걸어가고 있는 이 세대의 몸과 영혼은 늘 피곤하고 눈꺼풀이 무겁다. 심장 박동은 일정하지 않고 호흡도 곤란하다. 몸이 비대해지고 피곤이 자주 밀려온다.

세상 사는 것이 버겁고 무겁다. 성공을 위해 달려왔지만 영혼은 병들어 가고 있다. 체면을 위해 좋은 차와 집을 구했지만 여전히 빚 가운데 허덕이고 있다. 좋은 학교에 진학시키고자 자녀들을 멀리 보내고 나니 집이 텅 비어버렸다. 젊은이들도, 나이 드신 이들도 모두 크고 작은 모니터 앞에서 멍하니 시간을 때우고 있다.

이런 모습을 바라보시며 주님의 심장은 지쳐간다. 예수를 믿는 사람과 안 믿는 사람이 아무런 차이도 없는 이 세대를 보시는 예수님의 심장은 잦아들어간다. 사람들이 교회에 앉아 있지만 예배는 없다. 교인들은 서로의 이득을 위해 싸우다가 세상의 법정으로 나간다. 하나님의 법이 아니라 세상 법의 판단을 기다리는 이 세대의 교회를 보며 주님의 심장 소리는 점점 작아진다.

서로 큰 교회를 짓겠다고 경쟁 아닌 경쟁을 한다. 선교보다는 예배당을 크게 하는 일에 집중된 교회의 비전은 더 이상 예수님의 심장을 뛰게 할 수 없다. 그런 교회에 다니며 세상에서 아무 역할도 하지 못하는 이 세대 성도들의 심장은 병들어가고 있다.

우리의 눈과 마음은 급속도로 달려가는 과학 문명을 좇기 바쁘고, 언제부터인가 세상의 관습이 우리의 주인 노릇을 하고 있다. 젊은이들은 교회를 떠나고 청소년들은 방황하는데 교회의 심장은 잠자고 있다. 세상의 방법대로 살아가는 우리는 희미해지는 심장 소리를 들으면서도 그 심각함을 모른 채 살아가고 있다. 이렇게 가다가는 언젠가 그 심장이 멈추는 때가 올 것인데….

예수님의 심장을 소유한 사람

"오늘부터 당신을 집사로 임명합니다."

이 땅의 기독교에 첫 집사가 태어났다. 일곱 집사 중의 한 사람, 스데반. 그는 집사가 되기 전부터 심장 뛰는 소리에 잠을 이루지 못했다. 그저 남들처럼 조용해지는 심장 소리를 들으며 살던 그가 주님을 만난 그날, 다른 심장을 갖게 되었다. 주님을 만난 이후로 이전과 다른 심장 소리가 들렸다. 그때까지 한 번도 들어보지 못했던 소리가 그의 가슴을 울리기 시작했다.

스데반이 은혜와 권능이 충만하여 행 6:8

예수님의 심장을 가진 한 사람이 태어났다. 성경에는 스데반이 어느 가문에서 났는지, 어떤 학교를 졸업했는지, 어떤 사회적 지위를 가지고 있었는지에 대한 기록이 없다. 기록이 없다는 것은 하나님께 중요하지 않다는 의미다. 중요한 건 스데반의 심장이 뛰고 있다는 사실이었다.

스데반의 심장은 그를 가만히 앉아 있을 수 없게 했고, 그는 일어나 이 땅에 오신 예수 그리스도를 전하기 시작했다. 그는 주저하거나 눈치를 보거나 두려워하지 않았다.

스데반이 지혜와 성령으로 말함을 그들이 능히 당하지 못하여 행 6:10

스데반이 말을 하면 할수록 그의 심장은 더 힘차게 뛰었다. 예수님의 십자가 사랑과 구원을 생각하며 주님을 전하는 스데반의 눈에는 눈물이 흐르고 가슴은 성령으로 가득했을 것이다.

세상을 두려워하지 않는 그의 증언을 듣는 이들은 백성과 장로와 서기관들만이 아니었다. 그들이 보지 못하는 또 다른 분, 그 심장의 주인이신 하나님과 그 우편에 계신 예수님이 계셨다. 이분들은 가만히 앉아 계시지 않으셨다. 앉아서는 도저히 스데반의 이야기를 들을 수 없으셨기 때문이다.

스데반이 이야기를 시작하는 순간, 하나님과 예수님의 심장은 터질 것 같았다. 두 분은 이미 오래전에 자리에서 일어나셨다. 스데반의 입을 막을 수도 있으셨지만 이미 그의 심장은 예수님의 심장보다도 더 뛰고 있어서 막을 도리가 없었다.

사랑하는 아들 스데반이 전하는 이야기는 바로 그분의 이야기였
다. 오랫동안 하고 싶었던 그 이야기. 언제부터인가 예수님의 눈에
도 두 줄기 눈물이 흐르고, 하늘에서부터 그 눈물이 스데반의 가슴
에 떨어진다.

사랑하는 아들아,
눈을 뜨고 너를 볼 수가 없구나.
눈을 감으면 마음이 아프고
눈을 뜨면 네 모습이 나를 울리는구나.

그러지 않아도 되는데
내가 너를 아끼고 사랑하니
나와 함께 평생을 그렇게 지내도 되는데
같이 울고 같이 웃고 때로는 수다도 떨면서
나의 마음을 읽어주는 사람이 많지 않아
너와 그렇게 살고 싶었는데

그러지 않아도 되는데
무겁고 힘든 일을 자청하지 않고 잠잠히 있어도 되는데
그냥 평범하게 살아도

너를 향한 나의 사랑은 변함이 없는데
좁은 길을 버리고 네가 원하는 길을 걸어도
나는 너를 버리지 않을 것인데
사람들이 사는 대로 그렇게 적당하게 편하게
너의 삶을 살아도 나는 여전히 그 자리에 있을 텐데
남들처럼 좋은 집에 행복한 가정 꾸리며
아내와 아들의 재롱을 보면서, 그렇게 살아도 되는데

그러지 않아도 되는데
너를 그냥 평범한 집사로 생각했는데
이제 너를 통해서 집사의 일을 하고 싶었는데
굳이 이런 어려운 길을 선택하지 않아도 되는데
굳이 배고프지 않아도 되고
세상에서 나로 인해 욕을 먹지 않아도 되는데

그러지 않아도 되는데
사람들이 나를 버리고 나를 죽이는 그곳은
내가 가야 할 곳인데
그 길을 너도 가지 않아도 되는데
돌을 맞지 않아도 되는데
남들 도망갈 때 같이 도망가도 되고

남들이 나를 모른다고 할 때
너도 나를 모른다고 해도 되는데

사랑하는 아들아,
내가 앉아서 너를 볼 수가 없구나.
내 마음이 너무 아파 너를 차마 볼 수 없구나.

그런데 아들아,
이 아픈 마음 안에 네가 있구나.
네 심장 소리가 들리니 너를 막을 수가 없구나.

사랑하는 아들아,
고맙구나.

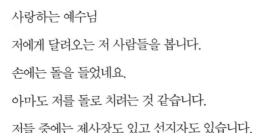

사랑하는 예수님
저에게 달려오는 저 사람들을 봅니다.
손에는 돌을 들었네요.
아마도 저를 돌로 치려는 것 같습니다.
저들 중에는 제사장도 있고 선지자도 있습니다.

조금 전까지 성전에서 말씀을 듣고 가르치던 사람들인데
이제는 저를 향해 달려옵니다.

공허한 분노와 생명 없는 영혼
그리고 초점을 잃은 눈에는 주님이 보이지 않네요.
어디로 가는지 무엇을 위해 사는지 모르는 사람들입니다.

저는 이 시간이 지나면 당신께로 갑니다.
오래 살지 않았지만 저는 행복합니다.
남들처럼 자랑할 수 있는 좋은 배경도 없지만
저는 최고의 삶을 살았습니다.
누구를 부러워해본 적도 없고
남들처럼 살고자 뛰어본 적도 없습니다.

제게 가장 행복했던 순간은 당신을 처음 만나
잠자고 있던 제 심장이 뛰기 시작한 그때입니다.
그때를 잊을 수가 없습니다.
지금도 그때를 생각하면 잠이 오지 않습니다.
무거운 인생의 짐을 지고 살아가며
많은 문제 앞에서 허덕일 때
나는 당신을 만났습니다.

그때 내게 당신의 심장 소리를 들려주셨습니다.
나를 만나주시고 나와 함께 계실 때
당신의 심장이 큰 소리로 뛰고 있음을
제 심장이 들었습니다.
그 이후로 제 심장은 이렇게 쉬지 않고
큰 소리로 뛰고 있습니다.

이제 제가 주께로 갑니다.
더 오래 사는 것은 제 꿈이 아닙니다.
멋있는 집에서 기름진 음식으로 배를 채우는 것도
제 꿈이 아닙니다.
당신의 심장을 가지고 잠잠할 수 없었습니다.
당신의 그 심장 소리를 듣고
그냥 그렇게 평범하게 살 수 없었습니다.
예수님 당신을 증거하고 소개하고 자랑하고 싶었습니다.
하루를 살더라도 당신의 심장을 가지고 살 수 있다면
그것으로 행복합니다.

저는 이제 당신께로 갑니다.
제 영혼을 받아주십시오.

그리고 주님,
이 죄를 저들에게 돌리지 마십시오.
이 땅에 남아 있는 사람들의 심장도
당신의 심장으로 뛰게 해주십시오.

2

마음과 마음이
만나는 곳

*

《천 개의 심장》에 등장했던 한 남자를 기억하는가? 임신한 아내에게 먹일 게 없어 자신이 얻은 식빵 몇 장이라도 가져가 먹이려 했던 그의 절박함을 나는 잊지 못한다. 하지만 이런 일은 이들에게 평범한 일상이다. 이런 절박함을 만났던 수많은 사건들이 주마등처럼 지나간다.

이 땅에 있는 사람들, 복음을 들어야 하는 사람들은 대부분 우리보다 가난하고 어려운 사람들이다. 선교지에 있을 때는 아침에 주로 식빵을 먹었다. 한 번 사면 그 빵을 하루에 다 먹을 수 없어서 3,4일 정도에 나눠 먹곤 했다. 그러다 3,4일째 되면 식빵에 곰팡이가 생기기도 했다. 나는 곰팡이가 난 빵은 당연히 먹을 수 없는 것이라 생각하고 버렸다.

그런데 어느 날, 집 앞 쓰레기장에 아이들이 몰려와 쓰레기를 뒤지며 음식을 찾고 있는 것을 보았다. 이 아이들은 하루를 이렇게 살아간다. 그 앞을 지나간 적이 하루이틀이 아니었지만 그날은 유난히 그 아이들이 눈에 들어왔다. 그 아이들 속에서 내가 먹다 버린 곰팡이 빵을 주워 먹는 아이가 눈에 띄었다. 순간 마음속에 뭔지 모를 연민이 몰려왔다. 곰팡이 난 빵을 찾아 서로 먹겠다고 다투는 아이들을 보면서 내 자신이 부끄러워졌다. 나는 버리고, 저들은 주워 먹는다.

다음 날부터 나는 식빵을 버리지 않았다. 곰팡이 때문에 냄새가 나는 빵도 열심히 먹었고, 새 식빵을 사서 집 앞의 쓰레기장에서 만난 아이들에게 몇 조각씩 나눠주기 시작했다.

여러 단체에서 아프리카의 어린이들에게 후원해 달라는 홍보영상을 내보낸다. 연예인들이 우물을 파고 집을 짓는 모습을 보여준다. 모두 비슷비슷한 것이 하나의 유행 같다. 사람들은 방송을 보며 그들의 비참한 현실에 눈물을 흘리기도 하고 쌈짓돈을 꺼내 동정어린 후원금을 보내기도 한다. 하지만 방송용 구제와 유행은 곧 사라진다. 그와 함께 눈물도, 후원금도 사라진다.

이런 건 긍휼이 아니라 동정이다. 냄비같이 타오르다가 쉽게 꺼져버리는 눈물과 후원은 사실, 자신을 위한 것이다. 잠깐 동안의 자기만족을 위해 스스로를 의롭게 여기는 것이다. 이런 것을 '동정 헌신'이라고 한다. 그 안에는 어떤 생명이나 능력이 없다.

우리 부모님 세대 때는 '콩 한 쪽도 나눠 먹는다'는 말을 많이 했다. 그때는 모두가 힘들고 어려웠다. 남의 배고픔이 곧 나의 배고픔이었다. 콩 한 쪽으로 얼마나 배를 불릴 수 있겠는가마는 내 배가 고프면 남의 배도 고프단 것을 알기에 콩 한 쪽이지만 내가 다 먹을 수 없다는 것이다.

그러나 이런 말을 쓰지 않게 된 지 이미 오래다. 사람들은 배부르고, 그 배부름에 더욱 배부르기 위해서 열심히 먹고 마신다. 자기 창고를 채우고 또 채운다. 배를 채우는 것에서 만족감을 얻는다. 그렇게 해서 자기 배가 부르면 만사형통이라 여긴다. 이 세대가 그렇다. 그들은 하나님의 자비가 무엇인지 알지 못한다. 받을 줄만 알 뿐 주는 것은 모르는 세대다.

예수님은 이렇게 말씀하신다.

너희는 가서 내가 긍휼을 원하고 제사를 원하지 아니하노라 하신 뜻이 무엇인지 배우라 마 9:13

긍휼, 하나님의 자비를 만날 때

우리가 아는 많은 하나님의 사람들은 예수님을 만남으로 인생의 변화를 맞았다. 바울도 그중 한 사람이다. 바울은 성도들에게 권면의 말을 많이 했다. 권면은 어떤 일에 대한 가치를 먼저 알아 그것을 권하는 것이다. 바울의 권면의 중심에는 자신이 아니라 그가 만난 예수님의 자비하심이 있었다.

하나님의 모든 자비하심으로 너희를 권하노니 롬 12:1

'자비하다'는 말은 긍휼을 말한다. 바울은 예수님의 긍휼을 만났다. 그 깊은 긍휼 속에서 바울은 이 세상 누구도 흉내 낼 수 없는 주님만의 깊은 세계에 잠길 수 있었다. 도대체 주님의 자비하심, 그 긍휼이 무엇이길래 바울의 삶에 이토록 강력한 영향을 끼친 것일까?

그 자비하심은 마태를 만나주신 예수님의 사건 속에서도 잘 나타난다.

예수께서 그곳을 떠나 지나가시다가 마태라 하는 사람이 세관에 앉아 있는 것을 보시고 이르시되 나를 따르라 하시니 일어나 따르니라 예수께서 마태의 집에서 앉아 음식을 잡수실 때에 많은 세리와 죄인들이 와서 예수와 그의 제자들과 함께 앉았더니 바리새인들이 보고 그의 제자들에게 이르되 어찌하여 너희 선생은 세리와 죄인들과 함께 잡수시느냐 마 9:9-11

마태의 당시 직업은 세리였다. 세리는 세금을 걷는 사람이다. 성경에 나오는 세리 중에 마태 외에 삭개오가 있다. 삭개오에 대한 설명으로 볼 때 세리는 부자다(눅 19:2). 그렇지만 세리는 몸을 파는 창녀와 동급으로 취급되었다(마 21:31,32).

당시 이스라엘, 즉 유대인들은 로마의 식민 통치를 받고 있었다. 이런 경우, 점령국 통치자들은 식민지 국민들에게 막대한 세금을 거둬들인다. 그 세금으로 점령국 시민들은 일하지 않고 살아도 될 만한 경제력을 갖춘다. 그렇기에 점령국 정부는 가능하면 더 많이 걷고자 하고, 식민지 국민들은 가능하면 적게 내려고 한다. 그러다보니 서로의 입장을 주장하는 소요와 싸움이 계속된다.

이런 문제를 해결하기 위해 로마는 유대인들의 세금을 걷는 일에 로마 사람이 아니라 유대인들을 고용했다. 문제가 생겨도 로마를 원망하지 않고 자기 민족끼리 해결하도록 하기 위해서였다.

세리는 정해진 것보다 더 많은 세금을 걷어야 했다. 그래야 로마 정부에 바칠 세금과 더불어 자기의 이익도 챙길 수 있었기 때문이다. 그러니 당시 세리는 동족의 혈세를 빨아 먹는 파렴치한으로 여겨졌다.

만약 자기 집안에 세리가 있으면 그것 자체가 부끄러운 일이라 어디 가서 얘기할 수가 없었다. 이웃들도 가까이하기를 꺼렸기 때문에 세리들은 사람들과 친해질 수 없었다. 세금을 걷기 위해 수단과 방법을 가리지 않는 세리를 사람들은 '죄인'이라고 불렀다.

그런 죄인인 마태의 말에 귀 기울여주는 이는 아무도 없었고, 그에게 손을 내밀어 도움을 주는 사람도 없었을 것이다. 그 누구도 동정의 손길조차 주지 않았을 것이다. 세상에서 설 자리를 잃어버린 그는 더욱 세금을 걷는 일에만 열중할 수밖에 없는 소외되고 불쌍한 영혼이었다. 그렇게 사회의 필요악 같은 존재로 살던 사람이 바로 세리 마태였다. 그런 마태가 어느 날 지나가시는 예수님의 부름을 받았다.

이 사건은 마태의 인생에 큰 전환점이 된다. 당시 예수님은 최고의 이슈로 떠오르던 인물이셨다. 예수님을 만나기 위해 수많은 인파가 몰렸고, 하루 종일 면담 요청과 설교 요청을 받으셨다. 예수님을 보기 위해 몰려든 사람들은 그분을 유대의 왕으로 모시려고 했다. 그런 예수님이 마태를 만나주신 것이다.

외롭고 고독한 사람 마태, 돈은 있지만 생명이 죽어 버린 사람 마태, 이런 마태를 예수님이 보셨다. 부끄러워 사람들이 환호하는 예수님의 얼굴조차 감히 쳐다보지 못하는 마태를 향해 예수님은 걸어오셨다. 그리고 그의 이름을 부르며 나를 따르라고 하신다.

처음 보는 예수님의 말 한마디에 마태는 조용히 순종의 땅에 발을 내딛는다. 왜 나를 부르냐고 묻지 않았고, 어디로 가는지도 묻지 않았다. 마태에게는 지금 그게 중요한 것이 아니다. 예수님이 그를 부르신 것, 예수님을 보는 것 그리고 그분의 부르심에 자기를 맡기며 어디로 갈지 모르는 그 길에 자신을 드리는 것만이 중요했다. 바로 그것이 순종의 첫 걸음을 내딛는 순간이다.

우리 삶에 동참하시는 주님

우리는 문제와 아픔이 있을 때 더욱 주님 앞에 나아간다. 하지만 그분 앞에 나아갈 수도, 그 앞에 엎드릴 수도 없을 만큼 몸과 마음이 지쳐버릴 때가 있다. 그렇게 아무것도 할 수 없을 때가 있다. 숨쉬는 것조차 힘들어 헐떡이는 때가 있다.

신음 소리조차 내기 힘든 그때, 마태를 찾아주신 예수님이 우리를 찾아오신다. 우리를 찾아오실 뿐만 아니라 마태의 집에서 식사를 하신 것처럼 우리 집에 머무신다. 우리와 함께 먹고 마시며 잠을 청하신다. 아니, 예수님은 이미 오래전부터 우리 집 어느 곳에 자리를 펴시고 하루 종일 우리의 삶에 동참하고 계셨다.

어찌 보면 이 땅의 모든 문제는 집안에서부터 시작된다고 볼 수 있다. 부부가 그저 한 집에 살고 있을 뿐 서로 다른 곳을 보고 있다면 깊고 깊은 골을 사이에 두고 서로 다른 삶을 살아가게 된다. 집안에서 이러니 남편은 직장에서도 작은 일에 흥분하고 부하 직원을 어렵게 한다. 아내도 종일 마음을 잡지 못한다. 일은 하지만 관계는 어렵고 무엇을 해도 마음에 평안이 없다. 술이 친구요, 쾌락이 동반자가 된다. 논쟁과 다툼은 부부의 마음을 갈라놓고, 그 속에서 자라는 자녀들은 갈 길을 몰라 방황하며 거리를 떠돈다. 그러다 마음의 폭풍을 다스리지 못해 주변 사람들에게 분노를 폭발시키기도 한다. 이처럼 가정의 분열은 사회와 학교를 모두 깨뜨린다.

우리가 가정에서 주님을 만나지 못하면 다른 곳에서도 주님을 만날 수 없다. 가정을 포기하는 것은 주님을 포기하는 것과 같다. 주님은 여전히 집에서 우리를 기다리신다.

주님은 이렇게 깨어진 가정 같은 마태를 만나주시고, 모두가 꺼려하는 그의 집에서 함께 식사하셨다. 마태는 더 이상 혼자가 아니었다. 세상의 따돌림과 부끄러운 직업의 소유자가 아니었다.

바울과 마태, 모두 주님이 부르신 제자였다. 그러나 마태는 죄인의 직업을 가지고 있으면서 마음 편히 이웃을 만나거나 사회 활동을 할 수 없었던 사회적 외톨이였고, 바울은 최고의 가문에서 최고의 학문을 배워 율법적 엘리트의 길을 가고 있는 사람이었다. 두 사람의 살아온 환경과 사회적 위치는 하늘과 땅처럼 차이가 났다.

바울은 다메섹 도상에서 예수님을 만나고, 마태는 시장 바닥에서 주님을 만난다. 각자 다른 삶 속에서 각자 다른 방법으로 주님을 만났지만 두 사람 모두 그 만남의 자리에서 주님의 긍휼도 만났다. 예수님이 아니었다면 절대 한 배를 탈 수 있는 사람들이 아니다. 하지만 주님의 자비하심이 그들을 모두 순종의 배에 타게 했다.

의사로 오신 예수님

바리새인들은 제자들에게 어떻게 예수님이 세리와 죄인들과 함께 식사하실 수 있느냐고 묻는다. 그런데 제자들이 대답을 하기도 전에 예수님이 그 말을 들으셨다.

예수님은 그분께 드리는 기도뿐 아니라 우리가 그 누군가에게 하는 말도 다 들으신다. 속으로 자신에게 하는 말도, 다른 이를 향해 하는 말도 예수님은 들으신다. 우리가 무심코 스쳐 지나가듯 생각하고 말하는 것까지도 예수님은 들으신다. 그분의 귀가 언제나 우리에게 향해 있음이다. 그분의 들으심은 우리를 향한 그분의 사랑이다.

바리새인들의 말을 들으신 예수님은 이렇게 대답하신다.

예수께서 들으시고 이르시되 건강한 자에게는 의사가 쓸 데 없고 병든 자에게라야 쓸 데 있느니라 마 9:12

인간은 모두 병들고 아프다. 그 어떤 사람도 완전하지 못하다. 예수님은 그런 우리에게 의사로 오셨다. 이 땅에 병든 사람들이 없다면 의사라는 직업도 존재하지 않을 것이다. 의사가 존재하는 이유는 환자가 존재하기 때문이다.

예수님이 우리에게 의사로 오셨다면, 우리가 인정하든 인정하지 않든 예수님을 섬기고 예배하고 사는 우리는 환자가 맞다. 주님이 그렇게 말씀하셨다면 나는 당연히 건강한 사람이 아니라 환자이다. 환자는 아픈 사람이다. 어딘가 몸에 이상이 있는 사람이다. 육체의 병뿐 아니라 영적인 병도 있다. 육체의 병은 몸이 아프지만 영적인 병은 마음이 아프다.

아픈 사람에게 의사는 절대적이다. 죽을병에 걸린 사람은 최고의 의사를 찾아 전국을 돌아다닐 것이다. 살기 위한 투쟁이다. 더 오래 살고 싶은 갈망이다. 그런 의사를 찾는다면 자기의 몸을 낮게 하기 위해 모든 것을 투자할 것이다.

우리는 모두 이렇게 병든 사람이다. 예수님 없이 살아갈 수 있는 사람들이 아니란 것이다. 우리는 병든 사람이기에 예수님을 찾는다. 그리고 살기 위해 예수님을 만나러 간다. 그분 앞에서 내 생명을 살리기 위해 매일같이 무릎을 꿇는다. 어떤 사람도 병든 몸을 가지고 오래 살 수 없다. 예수님은 마태를 부르고 바울을 부르신 것처럼 우리를 부르시고 우리 집에 오셔서 거하신다.

그런데 여전히 우리는 예수님의 의사 되심을 인정하지 않고 있다. 아니, 예수님을 인정하지 못하는 것이 아니라 자신이 병들어 있다는 것을 모른 채 살아간다.

사람들의 머리가 아무리 뛰어나 세상을 지배한다 해도 사람들이 할 수 없는 것이 두 가지 있다. 사람을 태어나게 하는 것과 죽어가는 사람을 살리는 것이다. 의술은 사람이 조금 더 살 수 있도록 점점 더 진보하지만, 그래봐야 언젠가는 모두 죽게 된다. 영원히 살 수 있을 거라 생각하는 사람은 여전히 병든 상태에 있는 것이다. 이 세상에서 아무리 많이 가지고 있고 많이 누리고 있다 하더라도, 우리는 의사 없이는 살 수 없는 병든 사람임을 기억해야 한다.

자신이 병들었음을 아는 사람만이 진정한 의사를 만날 수 있다.

주님 없이는 하루도 살 수 없다고 하는 간절함을 가진 사람들이 자신을 치료할 의사를 만날 수 있다.

자신의 아픔을 알아야 한다

하나님의 은혜로 많은 교회를 방문하고 많은 사람들을 만날 기회를 가졌다. 그들이 어디서 무엇을 하며 어떻게 살아가는지 나는 모른다. 오늘 만나면 다시는 못 만날 사람들이 대부분이다. 그런데 그들에게서 시멘트처럼 단단하게 굳어버린 몸과 마음을 발견할 때면 마음이 아프다.

'모두 예수님 없이 살 수 없는 병든 사람들인데 왜 저리 뻣뻣할까?'

자신을 한번 변화시켜보라는 듯 앉아 있는 사람들은 강단에서 눈만 봐도 알 수 있다. 처음 보지만 그들은 스스로 병든 사람이라고 인정하지 않는 사람들이다. 건강하다는 것이다. 웰빙으로 먹고 운동도 꾸준하게 하고 병원에서 정기적으로 검진도 받기 때문에 자신의 몸에는 아무 문제가 없다고 말한다. 자신의 영혼이 병들고 마음이 굳어지고 몸이 뻣뻣해지는 것을 모르고 살아간다.

하지만 모든 인간에게는 인간이 찾을 수 없는 병이 자라고 있음을 알아야 한다. 그 병은 주님만 아신다. 이들 역시 언젠가 인간은 모두 병석에 누울 것이라는 사실을 발견할 것이다. 자신의 힘으로는 아무것도 할 수 없어 다른 누군가의 힘을 빌릴 때가 되면 자신이 얼마나 연약한 존재로 살아왔는지, 의사이신 주님이 얼마나 필요한 존재인지를 알게 된다. 그때가 되어서야 스스로 겸손해질 것이다.

우리의 겸손은 예수님을 만나는 그 시점부터 시작된다. 우리가 얼마나 아픈지, 어디가 아픈지 의사이신 예수님 앞에서는 숨길 필요가 없다. 있는 척, 아는 척, 가진 척, 아무렇지도 않은 척을 할 필요가 없다. 이미 예수님은 우리가 얼마나 어디가 아픈지 알고 계시기에 숨길 필요가 없다. 자기가 아픈 걸 아는 사람은 겸손한 사람이다. 그래서 우리에게는 예수님이 필요하다.

하나님의 자비하심은 이런 것이다. 그분은 우리의 아픔을 다 아신다. 그리고 그 아픈 사람들을 위해 의사로 오셨다. 스스로는 아무것도 고칠 수 없는 사람들을 위해 오신 것이다.

바울은 그 자비하신 하나님을 만났다. 그는 건강해 보이지만 병들어 있는 자신을 보았다. 남부럽지 않은 가문과 학벌과 지식과 배경이 그에게 완벽한 미래를 보장해줄 거라 생각했고, 종교적으로도 의롭고 신앙심이 그 누구보다도 뛰어난 미래의 인재라고 생각하며 살았던 바울은 주님을 만나고서야 그 모든 것이 배설물과 같은 것임을 알았고, 자신의 연약함을 알게 되었다. 그리고 자신을 치료할 수 있는 유일한 분이 예수님이심을 알았다. 자기 삶의 최대 가치이신 예수님, 오직 그분만이 자신을 살리고, 유대인을 살리고, 이방인을 살리실 수 있음을 믿었다.

마태를 찾아오신 하나님의 자비는 그 집에 들어가 함께 잡수시며 그 안에 거하시는 것이었다. 그리고 외롭고 공허했던 그의 영혼을 살리시는 것이었다. 우리에게도 그 자비는 우리의 몸과 마음과 영혼을 살리시는 것이다. 우리는 모두 그 자비 안에서 살아가야 한다.

작은 자들을
향하여

*

나는 오래전에 아프리카에서 만난 한 노년의 선교사 부부를 지금
도 생생하게 기억한다. 그 분들은 나이가 환갑이 넘어서 아프리카로
오셨다. 슬하에 세 자녀를 둔 장로님, 권사님으로 사시던 부부는 오
래전에 하나님 앞에서 서원하신 바를 따라 오셨다고 한다. 자녀 셋
을 다 출가시키고 나면 인생의 남은 시간 동안 아프리카에서 예수님
을 섬기겠다는 서원이었다.

아프리카에서 예수님을 섬긴다고? 그 예수님이 한국엔 안 계신
가? 예수님은 미국에도 계시고 유럽에도 계신다. 하지만 그 분들은
아프리카에서 예수님을 섬기고 싶다고 하셨다(사실 아프리카의 잃어버
린 영혼들을 섬긴다는 말이 맞겠지만, 그 분들은 예수님을 섬기러 왔다고 하
셨다).

그래서 막내딸이 출가하자 가족들의 만류에도 불구하고 그동안 기도하고 있던 대로 떠나셨다. 노년의 나이에, 이제는 가족들 때문에 고생한 시간을 뒤로 하고 벌어놓은 재산으로 남은 인생을 쉬면서 살아도 될 법한데 그 부부는 척박한 아프리카로 오셨다. 참 독특한 분들이라고 생각했다.

그 분들은 마사이족이 있는 지역으로 가신다고 했다. 처음에는 마사이족이 어떤지 잘 모르고 하시는 말씀이라고 생각해 만류했지만 그 분들은 굳이 마사이부족으로 들어가겠다고 하셨다.

'과연 잘 적응하실 수 있을까? 젊은 사람들도 그곳 사역을 꺼리는데 도대체 왜 그곳에 들어가려 하실까?'

걱정 반, 우려 반인 우리의 마음을 뒤로 하고 결국 노년의 선교사 부부는 마사이부족으로 들어가서 그곳에 정착하셨다.

6개월 정도가 지났을까? 한국에서 방문한 대학생 단기팀과 함께 마사이 지역으로 선교사님 부부를 찾아가기로 했다. 나는 선교사님의 집을 보면서 놀랐다. 건축을 조금 아시는 분답게 벽돌로 작은 집을 지으셨는데, 전기가 없어서 태양열로 만든 전기를 조금씩 공급받아 쓰고 계셨다. 비가 자주 오지 않으니 비가 오면 물을 받을 수 있는 구조로 지붕을 만들어 놓고는 그냥 살고 계셨다.

오랜만에 한국에서 손님들이 오자 기분이 좋으신지 얼마 없는 재료로 한껏 식사 준비를 하셨다. 중간에 권사님은 나를 살며시 부르시더니 혹시 단기팀이 조미료를 가지고 온 것이 있는지 슬며시 물으신다. 자신들은 현지 음식을 먹어와서 괜찮지만 혹 한국 사람들 입에 맞지 않을까봐 걱정하신 것이다. 그런 분들이셨다.

우리는 그곳에서 지내면서 마사이부족을 방문해 전도하기로 했다. 한낮의 더위가 한창일 때 걸어서 부락으로 향했다. 지금은 어떤지 모르겠지만 그때는 한 부락에서 나와 다른 부락으로 이동하려면 한참을 걸어가야 했다.

저 멀리에서 아이들이 소리를 지르면서 우리 쪽으로 뛰어왔다. 처음에는 깜짝 놀라서 두렵기도 했는데 뛰어오는 아이들이 지르는 소리가 어쩐지 귀에 익었다.

"장로님~!!"

아이들은 장로님을 부르며 우리에게 달려오고 있었다. 아니, 우리라기보다는 장로님 선교사를 마중 나오고 있었다. 그러더니 한순간에 선교사님께 매달려 함박웃음을 보이는 게 아닌가?

나는 순간 눈을 의심했다. 이곳에 온지 6개월밖에 안 된 분에게 보이는 이 아이들의 반응은 도대체 무엇인가? 아이들은 선교사님에게서 떠나지 않고 그 손을 잡고 자신들의 부락으로 인도했다.

부락에 도착한 우리는 최고의 접대를 받았다. 그들이 가장 아끼는 양젖에 빵까지 준비되었다. 선교사님은 마치 그들 중의 한 사람처럼 그들의 삶 깊은 곳에 들어가 계셨다.

처음 그곳에 도착했을 때 노년의 부부는 그들의 언어나 생활, 문화에 대해 아는 것이 아무것도 없었다. 그러니 과연 무엇을 할 수 있을지 막막하고 고민되고 힘드셨다고 한다. 그러다 어느 날 어린아이들이 물을 긷기 위해 매일 무거운 물통을 들고 다니는 것을 보셨다. 그래서 아이들을 도와야겠다는 마음으로 픽업 차량을 구입해서 짐칸에 큰 물통을 달고 매일 물을 길어서 부락에 공급하셨다. 장로님은 하루도 쉬지 않으셨다.

이제, 이 부락 사람들이 유일하게 아는 한국말은 '장로님'이 되었다. 이들은 선교사님을 '장로님'이라 부른다. 그렇게 몇 개월 만에 동네 사람들은 이 노년의 부부를 자기 사람으로 인정하고 받아들였다. 그리고 얼마 후에 마을에 작은 회관을 짓고 그 회관을 유치원으로 사용하면서 권사님이 아이들을 돌보실 수 있게 되었다. 현지 말을 한 마디도 못하시지만 진심으로 마음이 연결되는 사랑을 주고받고 계셨다.

누구나 할 수 있는 일처럼 들리지만 누구나 할 수 있는 일은 아니다. 그 분들에게는 명예나 재산, 업적도 다 필요 없었다. 남들의 시선도 중요하지 않았고, 욕심이나 탐욕도 없었다. 누가 시킨 것도 아니고 체면 때문에 억지로 한 것은 더더욱 아니었다. 등 떠밀려 한 것도 아니고 사람들에게 인정받기 위해서도 아니었다. 그저 두 분에게는 오래전부터 품어온 마음의 소원이 있었다.

임금이 대답하여 이르시되 내가 진실로 너희에게 이르노니 너희가 여

기 내 형제 중에 지극히 작은 자 하나에게 한 것이 곧 내게 한 것이니라 하시고 마 25:40

예수님을 더 섬기고 싶다는 것이다. 그 분들은 지극히 작은 자에 대한 예수님의 소망을 알고 계셨다. 아무도 관심 없고 돌보지 않는 아프리카의 사람들과도 여전히 함께 계시는 주님을 그곳에서 섬기고 싶었던 것이다. 예수님에 대한 사랑과 간절함이 그 분들을 그곳까지 가게 했고, 남은 인생을 예수님께 드리게 했다.

내 작은 자를 돌아보라

미가 선지자는 무엇으로 하나님을 기쁘게 할까를 고민했다.

내가 무엇을 가지고 여호와 앞에 나아가며 높으신 하나님께 경배할까 내가 번제물로 일 년 된 송아지를 가지고 그 앞에 나아갈까 여호와께서 천천의 숫양이나 만만의 강물 같은 기름을 기뻐하실까 내 허물을 위하여 내 맏아들을, 내 영혼의 죄로 말미암아 내 몸의 열매를 드릴까 사람아 주께서 선한 것이 무엇임을 네게 보이셨나니 여호와께서 네게 구하시는 것은 오직 정의를 행하며 인자를 사랑하며 겸손하게 네 하나님과 함께 행하는 것이 아니냐 미 6:6-8

강단에서 쏟아져 나오는 수많은 말씀이나 천천의 숫양이나 만만의 기름을 상징하는 헌물도 아니다. 자기도취에 빠져 드리는 것이라면 그것이 아무리 깊은 헌신이라 할지라도, 단지 내 허물을 가리기 위해 드리는 것이라면 그것이 제 맏아들이라 할지라도, 단지 내 죄를 가리고자 드리는 것이라면 그것이 내 몸의 열매일지라도, 그것으로는 하나님을 기쁘시게 할 수 없다.

정의와 사랑과 겸손, 예수님을 섬기려는 사람들이 가지게 되는 정의와 사랑과 겸손이 바로 하나님이 기뻐하시는 것이다. 한 교회를 성장시키고자 많은 헌금을 하고 선교를 위해 물질적 도움을 베푼다 해도 만약 그 사람이 공의로운 삶의 정신을 잃어버린다면 드려진 그 헌물은 하나님을 우습게 여기는 것이 될 것이다.

우리는 부정과 부패가 난무하는 이 땅의 현실 속에서 어떻게 정의롭고 정직한 성경적 원칙을 가지고 그 가치를 지킬 수 있을지 고민해야 한다. 거룩한 물질, 깨끗한 물질로 드려진 헌물이야말로 하나님이 기뻐하시는 제물이 될 것이다.

하나님께 헌신한 많은 사역자들은 성도들의 마음을 사로잡는 말씀과 크고 웅장한 건물의 위용을 자랑하며 성공적으로 사역하고 있다고 믿고, 또 그렇게 하는 게 하나님이 기뻐하시는 바라고 생각한다. 하지만 하나님은 그분의 마음에 합한 사람들을 만났을 때 기뻐하신다.

긍휼을 배우라

하나님의 기쁨은 사람이 기뻐하는 일도 아니고, 부모가 기뻐하는 일도 아니고, 세상이 기뻐하는 일을 말하는 것도 아니다. 우리의 인생 중에서 하나님이 기뻐하시는 일을 만나게 된다면 이만한 축복도 없을 것이다.

예수님은 이 땅의 바리새인들, 즉 말씀을 선포하고 가르치는 사람들에게 의미 있는 말씀을 던지신다.

너희는 가서 내가 긍휼을 원하고 제사를 원하지 아니하노라 하신 뜻이 무엇인지 배우라 마 9:13

신학이나 프로그램, 교회 경영과 성도 관리가 아니라 긍휼이 무엇인지 배우라고 하신다.

너희 안에 이 마음을 품으라 곧 그리스도 예수의 마음이니 그는 근본 하나님의 본체시나 하나님과 동등 됨을 취할 것으로 여기지 아니하시고 오히려 자기를 비워 종의 형체를 가지사 사람들과 같이 되셨고 사람의 모양으로 나타나사 자기를 낮추시고 죽기까지 복종하셨으니 곧 십자가에 죽으심이라 빌 2:5-8

긍휼의 첫째 모델은 예수님이시다. 그래서 주님은 당신의 마음을 품으라고 하신다. 사람의 모양으로 자기를 낮추신 그분의 마음이 긍휼이다. 하나님의 긍휼 없이 주님 앞에 나올 수 있는 사람은 한 사람도 없다.

나는 선교지에서 긍휼을 배웠다. 어려서부터 힘들고 어렵고 배고 프게 자랐지만 그때는 그것이 내게 필요한 긍휼을 배우는 시작점이 었다는 사실을 몰랐다. 아프리카에서 시작한 선교사의 삶은 현실이 었다. 그때까지 나는 선교지에만 나가면 하나님의 초자연적인 역사가 있을 것이라 기대하고 기다렸지만, 그것은 책에서나 나올 법한 이야기였다.

지금도 내 기억 속에 있는 한 사람은 2004년에 이라크에서 무장단체에 피랍된 김선일 씨다. 당시 한국정부에서 한국군을 이라크에 파견하기로 한 것에 대한 적대심으로 한국인을 납치한 것이다. 무장단체는 한국군 파견을 취소하라는 메시지를 보냈고 그렇게 하지 않으면 김선일 씨는 죽게 될 것이라고 경고했다.

한국은 갈팡질팡하는 모습이 역력했고, 시간이 흘러 김선일 씨는 결국 참수를 당하고 말았다. 당시 김선일 씨는 선교사였다. 그는 무장단체에 잡히고 난 뒤 한국군을 파견하지 말아달라고 통곡하고 절절히 애원하며 매달렸다. 김선일 씨가 죽고 난 뒤 한국은 충격에 휩싸였고, 국민들은 이 일에 대해 여러 가지 반응을 보였다.

그 와중에 어떤 목사님의 칼럼을 보았다. 서울에서 큰 교회를 담임하고 있는 분의 칼럼이었다. 그 분은 김선일 씨가 선교사로 그렇게 위험한 곳에 갔을 때는 순교를 각오하고 죽음을 맞이하기 위해 갔을 것인데, 피랍 이후 김선일 씨가 동영상을 통해서 살려달라고 구차하게 애원할 필요가 있었냐고 쓰고 있었다. '순교를 위해 장렬하게 죽는 게 선교사의 본분이 아니겠는가?'라고 말이다.

목사님은 아마도 동영상을 통해 한국의 대통령과 미국의 대통령, 그리고 한국인들에게 처절하게 하소연하고 애원하는 모습을 보며 구차하게 목숨을 구걸한다고 느끼신 것 같다. 멋지고 용감하게 죽음을 맞이하는 순교의 모습을 보이면 좋았을 텐데 말이다.

하지만 당시 선교지에 있던 나에게 김선일 씨의 일은 먼 나라 이야기가 아니었다. 그래서 그 분의 칼럼을 읽고 나니 여러 생각이 들었다.

'만약 내가 그런 상황에 놓이게 된다면 나는 어떻게 할 수 있을까?'

한국은 지금 먹을 게 너무 많아 먹을 때마다 무엇을 먹을지 고민한다. 너무 먹어 살찐 몸을 돈을 써가면서까지 줄이려 애쓴다. 이런 사람들이 최전방에서 하루를 마지막으로 사는 사람들의 마음을 알까? 최전방 선교지에서의 배고픔을 알 수 있을까? 재정 문제, 가정 문제, 교회 문제, 관계 문제, 건강 문제 외에 어떤 문제가 이 분들의 삶에 두려움을 줄 수 있을까?

이 세상 그 누구도 죽음 앞에서 당당하고 용감할 수 없을 것이다. 선교사라면 당연히 자기 목숨을 자기 것으로 여기지 않고 가야 하는 것이 맞다. 내일 일을 알 수 없어 오늘 하루가 내 마지막이 될 수 있다는 마음 없이 어찌 선교지에서 살 수 있겠는가?

그러나 선교사도 인간이다. 숨을 쉬는 사람이다. 이 땅에서 하나밖에 없는 목숨이 어찌 중요하지 않겠는가? 저녁이고 새벽이고 아침이고 시도 때도 없이 터지는 폭탄 앞에 누가 쉽사리 고개를 들고 "내가 죽겠소" 하고 뛰쳐나가겠는가? 죽음이 내 눈 앞에서 왔다 갔다 할 때면 순식간에 수만 가지 생각이 머리를 뒤덮고 마음은 콩알만해진다.

'정말 죽을 수도 있겠구나. 지금 이 순간이 마지막이구나.'

머리는 하얗게 되고 두려움과 공포가 밀려온다. 만약에 나도 김선일 씨와 똑같은 상황이 되었다면 아마 그와 같이 했을 것 같다. 더 살고 싶고, 더 누리고 싶고, 더 행복해지고 싶다는 생각이 떠나지 않을 것이다. 아직 할 게 많이 남았는데…. 목숨을 잃기에는 남은 날이 너무 많은 것 같고, 앞으로의 삶은 더 나아질 수 있다고 믿고 싶어진다. 더 살고 싶다. 그래서 살기 위해서는 무엇이든 할 수 있을 것이다.

살기 위해서 비굴해지기도 하고 살기 위해서 처참해질 수도 있을 것이다. 살기 위해선 지금 내가 하고 있는 행동이 이성적인지 감성적인지 생각할 겨를이 없다. 옳은지 그른지 판단도 되지 않는다. 죽음과 삶은 바로 이런 것이다.

아프간에서 수많은 사건과 사고를 경험할 때 나는 저녁마다 전기도 없는 방에서 촛불 하나 켜놓고 누군가에게 편지를 쓰고 일기를 썼다. 어쩌면 내가 죽음을 준비할 겨를도 없이 죽음을 맞이하게 될 때 내가 이 땅에서 어떻게 살았는지 최소한 내 사랑하는 아내와 부모님 그리고 아이들은 알아야 하기에 내 가족이 보게 될 글을 쓰기 시작했다. 그 편지 중 몇 편이 《천 개의 심장》에 담겼다. 글을 쓰고 있노라면 더 비장해지고 두려워진다. 내가 있는 곳이 어디인지, 나는 무엇을 하는지, 나는 또 어디로 가는지 알게 된다.

우리가 품어야 할 마음

예수님도 죽음 앞에서 통곡하고 탄식하셨다. 33년은 그리 길지 않은 시간이었는데 그 시간을 위해 아주 오래전부터 준비하셨다. 죽으러 오셨고 죽을 수밖에 없는 예수님의 인생, 그럼에도 그분은 이 땅에서의 마지막 밤을 보낼 때 우셨다. 얼굴을 땅에 파묻고 유일한 아버지 하나님께 간구하신다.

그는 육체에 계실 때에 자기를 죽음에서 능히 구원하실 이에게 심한 통곡과 눈물로 간구와 소원을 올렸고 히 5:7

십자가, 얼마나 두려운 곳일까? 이제 오늘 밤이 지나면 인간이 겪을 수 있는 최고의 고난과 고통의 자리로 들어가셔야 한다. 누구도 대신할 수 없는 그 길이 바로 십자가의 길이다.

예수님의 평생에 하나님이 그 얼굴을 돌리신 적은 한 번도 없다. 늘 예수님의 기도와 말씀을 듣고 계셨다. 하나님은 겟세마네 동산에서 드리는 예수님의 기도 또한 들으셨다. 이번 기도는 어느 때보다 강렬하고 진지하며 통곡과 눈물이 함께 있었다.

내 아버지여 만일 할 만하시거든 이 잔을 내게서 지나가게 하옵소서
마 26:39

예수님도 십자가의 잔, 그 고통의 잔을 앞에 두고 두려움과 공포가 있으셨을 것이다. 예수님은 자기를 낮추시고 죽기까지 순종하신 인간의 모습으로 오셨기 때문에 그렇다. 얼마나 두렵고 떨리셨을까? 그러나 두 번째 기도하실 때는 이렇게 간구하셨다.

내 아버지여 만일 내가 마시지 않고는 이 잔이 내게서 지나갈 수 없거든 아버지의 원대로 되기를 원하나이다 마 26:42

이 잔이 지나가기를 기도하면서, 한편으로는 이 잔을 마셔야 할 분이 예수님 자신임을 아셨다. 이 잔은 예수님만 마실 수 있는 잔이기 때문이다. 그 잔을 마셔야 하나님의 사랑이 완성되기 때문이다.

예수님은 이 모든 두려움과 공포를 넘어 십자가로 가신다. 그래서

죽음을 이기신 예수님이 우리와 비교될 수 없는 것이다. 그분은 우리를 위해서 기꺼이 그 두려움과 고통의 길을 가셨다. 그것이 하나님의 자비다.

우리 몸을 거룩한 산 제물로 드리기 위해 넘어야 할 산 하나는 이 세대를 본받지 않는 것
이다. 이 세대를 본받지 않는 삶은 진정한 회개 뒤에 따라온다. 회개의 열매는 더 이상 이
세대가 원하는 대로 살기를 포기하는 것이다. 죄의 습관을 버리고 내가 토해 낸 오물을
다시 먹지 않는 것을 말한다.

PART 2

이 세대가
좇는 것을
점검하라

4

증명을
요구하는 세대

*

하나님의 자비는 우리가 잘 아는 사도 바울의 심장을 건드렸다.
그리고 그분의 자비는 바울의 마음과 육체 곳곳으로 퍼져갔다. 학
교에서 배운 것이 아니다. 바울은 하나님과 동등 됨을 포기하시고
종의 형체를 가지고 우리에게 오셔서 자기를 낮추시며 죽기까지 복
종하심으로 십자가에서 죽으신 그 예수님을 만났다. 그리고 그 마
음, 곧 예수 그리스도의 마음을 품었다.

바울은 그 자비 안에서 하나님이 기뻐하시는 것이 무엇인지를 깨
달았다. 바로 우리 몸을 거룩한 산 제사로 드리는 것이다. 우리 몸
을 드린다는 것은 무슨 의미일까?

우리가 성경에서 만나는 인물들 중에는 왕으로 살면서 비참한 인

생을 살다간 사람도 있고, 천한 가문에서 태어났지만 빛난 인생을 살다간 사람들도 있다. 그들의 출생이 그들의 인생을 말하는 것이 아님을 알게 된다. 혈통을 자랑하는 수많은 이스라엘의 왕들이 그 임무를 다하지 못하고 비참한 인생의 끝을 맞았지만, 아무도 주목하지 않던 한 집안의 막내는 이스라엘의 역사를 다시 쓰게 했다. 결국 하나님께 우리의 몸을 어떻게 드리느냐에 따라 그 인생의 시작과 끝이 달라지는 것이다.

많은 책에서 헌신과 사명을 말한다. 나도 그 많은 책에서 하나님께 쓰임 받는 헌신과 사명에 대해 읽었다. 어떻게 헌신해야 하는지, 그 과정은 어떠해야 하는지, 그리고 그에 대한 결과는 무엇인지. 마치 수학 공식처럼 이렇게 저렇게 풀어가는 헌신의 과정을 많이 보았다.

우리는 모두 비록 몸이 따라오지 못할지라도 마음만은 헌신의 과정을 가고 싶을 것이다. 그러나 '우리의 몸을 산 제사로 드린다'는 것은 머리로 이해할 수 있는 공식이나 원칙, 이론이 아니다. 아무리 말로 표현하려 해도 표현될 수 있는 것이 아니다. 이것은 그 이상의 것이다.

선교사로 나간다고 되는 것도 아니고, 큰 교회의 목회자가 된다고 되는 것도 아니며, 교단이나 단체의 이사장이 된다고 되는 것은 더더욱 아니다. 나는 선교단체에서 무보수로 일하는 젊은 사역자들을 많이 만나지만, 그렇다고 해서 그것이 자기 몸을 드리는 것이라고 말할 수는 없다.

많은 사람들이 사역에서 어떤 직분이나 직위를 갖게 되면 그 위치나 자리 자체가 자기 몸을 드리는 것이라고 생각하는데, 만약 그렇다면 우리는 성경을 다시 읽어야 할 것이다. 우리 몸을 드린다는 것은 우리가 사역자라는 직업을 가지고 사는 것이 아니다.

바울이 드린 제사

바울의 드림은 율법적 드림이 아니라 거룩한 제사로서의 드림이었다. 그는 자신의 몸을 거룩하게 구별해서 드리는 사람들의 삶이 어떤 것인지를 알려준다.

> 너희 몸을 하나님이 기뻐하시는 거룩한 산 제물로 드리라 이는 너희가 드릴 영적 예배니라 너희는 이 세대를 본받지 말고 오직 마음을 새롭게 함으로 변화를 받아 하나님의 선하시고 기뻐하시고 온전하신 뜻이 무엇인지 분별하도록 하라 롬 12:1,2

즉 우리 몸을 거룩한 산 제물로 드리기 위해 넘어야 할 산 하나는 이 세대를 본받지 않는 것이다. 이 세대를 본받지 않는 삶은 진정한 회개 뒤에 따라온다. 회개의 열매는 더 이상 이 세대가 원하는 대로 살기를 포기하는 것이다. 죄의 습관을 버리고 내가 토해 낸 오물을 다시 먹지 않는 것을 말한다.

우리가 하나님 은혜의 선물, 즉 복음을 만나면 필연적으로 회개의 문을 통과하게 되는데 그 문은 깨어짐과 애통의 문이다. 회개는 슬프고 아프고 힘든 것이다. 회개는 마치 내 속에 있는 심각한 질병을 복음으로 말미암아 확인하고 그 질병 즉 죄를 찾아내는 것이다. 죄는 우리 몸에 자리 잡는 암 세포처럼 처음에는 없는 것마냥 아무 중세 없이 숨죽이고 있지만 시간이 지나고 세월이 가면 언젠가 우리의 목숨을 위협하는 지경에까지 자라게 된다.

의사에게 암 말기 진단을 받고 나면 그 전과 같이 살 수는 없을 것이다. 통곡하고 오열하게 될 것이다. 진단이 주어진다는 것은 곧 죽음을 맞이하게 된다는 의미이기 때문이다. 이것은 인간의 자연스러운 반응이다.

요나 선지자는 하나님께 순종하지 않고 니느웨가 아닌 다시스로 가는 배를 탄다. 그곳에서 요나는 다시 하나님의 능력을 경험하고 니느웨로 향한다. 그렇지만 요나는 기대하지 않는다. 하나님을 모르는 백성은 천벌을 받아 마땅하다고 생각했기 때문이다. 그러나 요나의 예상과 달리 그가 하나님의 징계를 예언하자 그 강퍅하던 니느웨 사람들이 회개하기 시작한다.

니느웨 사람들이 하나님을 믿고 금식을 선포하고 높고 낮은 자를 막론하고 굵은 베 옷을 입은지라 … 사람이든지 짐승이든지 다 굵은 베 옷을 입을 것이요 욘 3:5,8

회개는 하나님을 만나는 순간 이뤄진다. 그것은 순결한 주님의 영광을 보는 것이고, 주님의 거룩한 보혈이 나를 덮는 것이다. 죄를 가지고는 예수님을 만날 수 없음을 깨닫고 그 죄에서 구원하신 주님의 은혜에 감사해 더 이상 죄를 가지고 살기를 원하지 않는, 그런 절박함을 말한다.

이방인인 니느웨 사람들은 회개가 무엇인지 우리에게 알려준다. 그것은 옷을 찢는 것이 아니라 마음을 찢는 것이다. 회개는 이 문을 통과하지 않으면 내가 죽을 것 같다는 간절함이 있어야 하는 것이다. 이 문을 통과해야만 복음을 정확하게 만난 것이다.

바울이 만난 복음의 능력

바울에게 복음은 무엇이었을까? 바울 안에 이 복음이 들어왔을 때 그 인생에 어떤 일이 벌어졌는가? 바울은 에베소서에서 자신이 하나님의 일꾼이 된 사건을 이렇게 설명한다.

이는 이방인들이 복음으로 말미암아 그리스도 예수 안에서 함께 상속자가 되고 함께 지체가 되고 함께 약속에 참여하는 자가 됨이라 이 복음을 위하여 그의 능력이 역사하시는 대로 내게 주신 하나님의 은혜의 선물을 따라 내가 일꾼이 되었노라 엡 3:6,7

바울은 이방인들이 복음으로 말미암아 예수 안에서 후사가 되고 지체가 되고 약속에 참여한 자가 된다고 말한다. 바울은 예수님을 만나고 이방인에 대한 그분의 마음을 보게 되었고, 그 비밀을 알게 되었다. 그래서 그에게 복음의 능력은 곧 하나님의 은혜의 선물이다. 그 은혜의 선물을 바울이 만났다. 다시 말하면 바울이 하나님의 일꾼이 된 때는 은혜의 선물인 복음을 만난 그 순간이다.

복음은 스스로 죄에서 구원할 능력이 없어 죄인으로 살아갈 수밖에 없는 인간을 그 아들 예수님의 십자가 죽으심으로 다시 살게 하신 하나님의 사랑의 능력이며 은혜이다. 또한 복음은 예수님 자신이며, 그분이 인간의 모습으로 이 땅에 오셔서 우리에게 주신 모든 것을 말한다.

예수님이 아니면 우리는 원수의 종노릇하며 살아야 할 저주 받은 인생이고, 죽음의 길을 가면서도 그 사실을 모른 채 영원히 소망 없이 살아야 할 인생이다. 그러한 인생을 건져낼 능력이 복음에 있으며, 그 능력의 시작이 바로 회개다.

회개는 예수님의 복음을 만난 사람이라면 누구도 피해갈 수 없는 순간이다. 이 회개의 문은 모든 이에게 열려 있지만 이 문을 비껴가는 사람들도 많다.

400년간 침묵하시던 하나님이 긴 시간 동안 꾹 참고 계셨던 말씀을 요한을 통해 드디어 전하신다.

"회개하라, 천국이 가까이 왔느니라."

예수님이 오셔서 비로소 전하신다.

"회개하라, 천국이 가까이 왔느니라."

제자들을 보내어 당부하신다.

"회개하라."

예수님이 승천하시고 그의 제자들의 시대가 왔다. 그들 또한 외친다.

"회개하라."

예수께서 권능을 가장 많이 행하신 고을들이 회개하지 아니하므로 그
때에 책망하시되 마 11:20

이 말씀은 지금도 우리의 삶에 많은 의미로 다가온다. 지금은 우
리가 예수님을 눈으로 볼 수 없는 시대에 살고 있지만 그때 사람들
은 예수님을 눈으로 보고 그 능력과 권능을 피부로 체험했다. 하지
만 그들은 회개하지 않았다. 예수님을 귀로 듣고 눈으로 보고 피부
로 경험해도 그들의 마음은 강퍅해서 자신의 죄와 허물을 보지 못했
다. 그들에게 복음은 한낱 바람에 날리는 종잇조각 같은 것이었을지
도 모른다.

회개가 없는 세대. 이천 년 전 예수님이 계신 세대도 그랬고 지금
의 세대도 그렇다. 죄에 무감각해진 세대이다. 불륜과 혼외정사는
이제 통상적인 문화처럼 받아들여진다. 이혼에 대한 어떤 입장도 내

놓지 못하는 이 세대는 만나기도 잘 만나고 헤어지기도 잘 헤어진다. 지켜야 할 가정은 쉽게 깨지고 어린아이부터 어른에 이르기까지 무차별적으로 포르노에 노출된다.

그것이 마음에 들어와 더럽고 추한 상상들로 진행되고 나중에는 그것을 합리화하는 것을 본다. 죄는 이렇게 살짝 들어와 마음에 자리 잡고 사람의 생각과 마음을 움직인다. 더러움을 더러움으로 깨닫지 못하는 것이다. 더러운 데 들어가면 모두가 더럽기 때문에 더러운지도 모르고 그 속에서 그들과 똑같이 살아간다. 넘쳐나는 유혹을 분별하지도 거절하지도 못한다.

우리는 유혹에 대해 단호하셨던 분을 알고 있다. 그분은 오늘을 사는 우리에게 무슨 말씀을 하고 계시는가?

예수님께 주어진 시험

예수님은 본격적인 사역을 시작하기 전에 성령에 이끌리어 광야에서 40일간 금식하셨다. 메마른 광야에서 물 한 모금 마시지 않은 채 40일간 금식하는 것은 육신을 입으신 예수님께도 쉽지 않았을 것이다. 성령은 그때 예수님을 이끄셔서 마귀에게 시험을 받게 하셨다.

예수께서 성령의 충만함을 입어 요단강에서 돌아오사 광야에서 사십일 동안 성령에게 이끌리시며 마귀에게 시험을 받으시더라 이 모든 날

에 아무것도 잡수시지 아니하시니 날 수가 다하매 주리신지라 마귀가
이르되 네가 만일 하나님의 아들이어든 이 돌들에게 명하여 떡이 되게
하라 예수께서 대답하시되 기록된 바 사람이 떡으로만 살 것이 아니라
하였느니라 눅 4:1-4

예수님이 건강하고 컨디션이 좋을 때 마귀의 시험을 받으신 것이
아니다. 성경은 예수님이 주리셨다고 말한다. 예수님은 배고프셨다.
이때 마귀는 예수님께 다가와 "네가 만일 하나님의 아들이어든"이라
는 말을 꺼내며 시험하기 시작한다.

'만일'이란 가정법은 의심하고 있거나 확신이 없을 때 주로 쓰인
다. 마귀는 시험을 하기 전에 예수님의 정체성에 의문을 표시하며 감
정을 건드린다. 예수님이 하나님의 아들임을 몰라서 물어보는 것이
아니기에 조롱하듯 질문을 던진다. 마귀는 예수님을 부추긴다.

"만일 네가 하나님의 아들이라면 하나님의 아들답게 기적을 행하
고 네 능력을 입증해 보여라. 너 자신이 하나님의 아들임을 스스로
증명하고 주장해보아라."

어쩌면 마귀는 당연한 것을 요구하고 있는 것일 수도 있다. 하나
님의 아들이라면 자신을 증명하고 기적을 행하는 것 정도는 그렇게
어려운 일이 아니기 때문이다. 마귀는 왜 이렇게 쉬운 요구가 예수님
께 시험이라고 생각했을까? 시험이라면 당하는 사람이 할 수 없는
것을 내야 마땅한 수준이 아니겠는가? 그러나 예수님은 마귀와 논

쟁하지 않으셨다.

마귀는 예수님께 돌을 떡으로 만들어보라고 한다. 물리적으로는 자연의 이치를 거스르는 일이다. 물론 예수님이 돌을 떡으로 만들 수 있다는 것을 마귀가 모를 리 없다. 모든 것을 알면서도 마귀는 예수님께 돌을 떡으로 만들라고 한다.

배가 고프신 예수님은 얼마나 음식을 드시고 싶으셨을까? 이때 예수님이 돌을 떡으로 만드셨다면 두 가지를 해결할 수 있으셨을 것이다. 첫째는 더 이상 배고플 필요가 없다는 것, 둘째는 자신을 조롱하는 마귀의 코를 납작하게 하는 것이다.

그러나 예수님은 마귀의 말을 듣고 이런 역전 드라마를 쓰지 않으셨다. 예수님은 마귀가 지금 무엇을 요구하는지 아셨다. 마귀는 돌을 떡으로 만드는 과정과 역사를 보고 싶은 것이 아니라 예수님에게 인본주의를 요구하고 있었다.

인본주의의 유혹

내가 하늘에서 내려온 것은 내 뜻을 행하려 함이 아니요 나를 보내신 이의 뜻을 행하려 함이니라 나를 보내신 이의 뜻은 내게 주신 자 중에 내가 하나도 잃어버리지 아니하고 마지막 날에 다시 살리는 이것이니라
요 6:38,39

예수님은 이 땅에 오신 목적을 명확히 알고 계셨다. 그분은 자신의 뜻을 행하러 오신 것이 아니다. 그런데 마귀는 예수님에게 스스로 자신을 증명하면서 자신의 뜻을 이루라고 말한다. 마귀는 예수님에게 '너의 시각을 조금만 바꿔보라'고 속삭인다. 하나님의 뜻과 상관없이 자신이 가지고 있는 능력을 유감없이 발휘해보라고 말한다. 하나님께 맞춰놓은 인생의 초점을 조금만 움직여서 인간이 가지고 있는 힘과 능력을 나타내보라고 부추긴다.

그럴듯해 보이고 논리적으로 보이지만 예수님은 마귀의 의도를 알고 계셨다. 하나님 없이도 인간의 능력으로 살 수 있으니 자신을 증명함으로 그 삶을 시작해보라는 것이다.

인본주의 중심에는 마귀가 서 있다. 인본주의는 인간의 가치와 존엄을 내세우며 신을 부정한다. 인간의 능력이 있으니 신을 필요로 하지 않는다는 것이다. 그 중심에 하나님은 없다. 오직 인간만 존재한다.

이미 이 세대는 하나님 없이도 살 수 있는 수많은 사회적, 문화적, 정치적 조직이 갖춰져 있다. 서구세계뿐만 아니라 많은 나라에서 기독교교육과 사상으로 그 가치와 존엄을 가르쳐왔지만 이제는 아니다. 인간이 중심이 되어 있고, 인간의 능력과 뜻을 더 인정한다.

예수님은 자신을 증명하는 것을 택하지 않으시고 하나님의 말씀을 택하셨다.

사람이 떡으로만 살 것이 아니요 하나님의 입으로부터 나오는 모든
말씀으로 살 것이라 마 4:4

명쾌하고 정확하다. 예수님은 사람이 떡으로 자기 배를 채우면서
사는 것이 아니라고 말씀하신다.

예수님이 돌을 떡으로 만들지 않으셨던 또 한 가지 이유는 그때는
예수님이 배고프셔야 할 때였기 때문이다. 하나님이 배고프게 하실
때 예수님은 배고프셨다. 그것을 통해서 하나님의 말씀이 이뤄진다
는 것을 아셨기 때문이다. 우리는 떡으로만 사는 게 아니다. 하나님
의 입에서 나오는 모든 말씀으로 산다. 우리를 이끌어가는 것이 배
속의 음식이 아니라 하나님의 모든 말씀이다. 그곳에 하나님의 뜻이
있기 때문이다.

인본주의를 따르는 여러 추종자들이 있다. 그중 하나가 개인주의
와 이기주의다. 개인주의와 이기주의를 따르는 또 다른 추종자들은
경쟁의식과 비교의식이다. 이 세대는 경쟁과 비교 문화로 가득하다.
사람들은 너나 할 것 없이 다수가 움직이는 곳으로 함께 움직인다.
비교의식은 나보다는 남을 먼저 보게 한다.

어릴 때부터 우리는 의식적이든 무의식적이든 다른 집 아이와 비교
당하며 산다. 이렇게 비교하는 사회에서 살아가면서 사람들은 자기
를 잃어버린다. 그 비교는 경쟁으로 바뀌고, 목적을 이루기 위해서는
수단과 방법을 가리지 않게 된다.

사람들은 학력, 외모, 가문, 지역 등으로 갈라져 이 사회가 원하는 모습으로 살아가려 경쟁한다. 학생들은 조금이라도 더 좋다는 학교에 가기 위해 바둥거린다. 부모님 등골 휘는 것은 생각 않고 너도 나도 외국 유학을 떠난다. 남들 하는 건 다 해야 하는 이 사회에서 아이들은 무거운 책가방에 어깨가 휘고, 메마른 아스팔트만 밟고 다니는 사이에 정서는 점점 딱딱해진다.

그렇게 열심히 경쟁적으로 교육하고 좋은 차, 좋은 집, 명품으로 둘러싸면 사람도 명품이 되는 줄 안다. 하지만 경쟁은 사람을 명품으로 만들지 못한다. 경쟁사회에 사는 학생들은 어린 나이에 성적을 비관해 스스로 목숨을 끊기도 하고, 사회인들은 다른 사람들보다 열심히 일하지만 손에 쥐는 것은 점점 작아지는 현실 앞에서 자포자기하기도 한다.

정서가 메마른 사람들은 울어야 할 때 울지 못하고 기뻐해야 할 때 웃지 못한다. 내 안에 나를 가둬놓고 나만 들여다본다. 나만 잘 살면 되지, 나만 얻으면 되지, 나만 성공하면 되지, 나만 편하면 되지, 나만…. 누군가가 내 안에, 내 영역에 들어오지 못하게 한다. 개인주의는 이렇게 시작된다. 이미 가인과 아벨은 비교의식에서 경쟁으로, 그리고 급기야는 형제를 살인하는 지경까지 이르는 모습을 보여주었다.

하나님을 인정하지 않는 세대는 점점 더 강퍅해지고 딱딱해질 것이다. 비교와 경쟁 그리고 개인주의와 이기주의의 종노릇하면서. 그렇게 이 사회는 점점 더 병들어가고 있다. 하나님을 인정하지 않는 세대는 자신의 그 똑똑함과 스마트한 능력 때문에 스스로 망하게 되는 길을 걷고 있다.

5

힘을
좇는 세대

*

　내가 머물고 있는 곳은 불안하고 어려운 나라다. 이곳에서 한국을 바라보면 너무나 살기 좋은 나라다. 사회시스템도 훌륭하다. 풍족하다. 다만 이 모든 것을 누리는 데 돈이 필요하다. 돈이 있는 사람들에게 한국은 편하게 즐기며, 먹고 마시며, 원하는 것을 누릴 수 있는 곳이라는 얘기다. 틀린 말 같진 않다.

　이런 곳에서 권력을 가지고 산다는 것은 꽤 흥미 있고 도전해볼 만한 일일 것이다. 돈과 권력, 이것은 이 세상을 살아가는 데 가장 매력적인 것으로 간주된다.

　마귀는 두 번째 시험을 던진다. 첫 번째 시험에 실패한 마귀는 좀 더 자극적인 방법을 택했다. 예수님을 지극히 높은 산으로 이끌고 올라가 천하만국을 보여준다.

마귀가 또 그를 데리고 지극히 높은 산으로 가서 천하 만국과 그 영광을 보여 이르되 만일 내게 엎드려 경배하면 이 모든 것을 네게 주리라 이에 예수께서 말씀하시되 사탄아 물러가라 기록되었으되 주 너의 하나님께 경배하고 다만 그를 섬기라 하였느니라 마 4:8-10

여기서의 '천하만국'은 '이 세상'을 말한다. 마귀는 예수님에게 이 세상의 모든 권세와 영광을 주겠다고 한다. 이런 곳에서 권력을 가진다면 남은 인생 정말 멋지게 살 수 있을 거라고 말하는 것 같다. 마귀는 자기가 이 권세를 넘겨받았으며, 이제는 자신이 원하는 자에게 주겠다고 말한다. 맞다. 그에게 이 권세를 넘겨준 것은 인간이다. 인간이 하나님께 순종하지 않고 죄를 택했기 때문이다. 죄를 짓게 하는 권세, 이 권세가 마귀에게 있다. 그리고 그 죄를 짓게 하는 곳은 이 세상이다.

권세는 힘이 있다. 조종하고 다스리고 명령하고 원하는 대로 할 수 있는 강한 힘이다. 그래서 한번 권력의 맛을 본 사람들은 좀처럼 그 자리에서 내려오지 못한다. 권력을 지키기 위해서 또 다른 권력을 추구하고, 때로는 더 큰 권력 앞에 비굴하게 무릎을 끊기도 한다.

세상에는 참 많은 것들이 있다. 누리고 싶고, 가지고 싶고, 취하고 싶은 수많은 유혹들이 도사리고 있다. 내가 벌어서 내가 취하고 내 마음대로 사는데 누가 뭐라 하겠냐고 말하는 사람들이 많겠지만, 도리어 그것들이 인간의 영과 정신과 육체를 병들게 하고 있음을 어찌 부인할 수 있겠는가.

이 세상은 물질 만능주의의 산실(産室)이다. 세상을 사랑하는 사람의 중심에는 언제나 물질이 있다. 물론 물질 없이 세상을 살아가기는 힘들다. 먹고 살기 위해서는 물질이 필요하다. 하지만 돈이 세상을 지배하는 시대를 살아가는 사람들은 거기에 머물지 않는다. 사람들은 돈을 벌기 위해 혈안이 된다.

이 세상에서 누리기 위해서는 돈이 필요하다. 좋은 교육과 번듯한 집, 그리고 차량과 문화 혜택을 누리기 위해서는 열심히 벌어야 한다.

지금은 부부가 같이 벌지 않으면 안 된다는 사회적 메시지가 넘치고 있다. 물가도 오르고, 집값도 오르고, 교육비는 더 오른다. 도저히 혼자서는 감당이 안 된다고 생각한다. 그래서 여기저기 어린이집이 넘쳐난다. 부부가 열심히 벌어야 자녀에게 좋은 교육을 시킬 수 있는 사회가 되었다. 엄마의 사랑이 가장 필요한 어린 나이에도 엄마보다 어린이집 선생님의 사랑을 더 받고 자란다.

자본주의가 이 세상에 펼치는 전략이 뭔지 아는가? 가진 사람이든 없는 사람이든, 이 세상 모든 사람에게 빚을 지게 하는 것이다. 가진 사람은 더 누리기 위해서 빚을 진다. 없는 사람은 먹고 살기 위해 빚을 지며 살아간다. 집을 산 사람들 대부분은 은행에서 대출을 받는다. 장사를 해도, 사업을 해도 모두 빚을 진다. 가족에게, 친척에게, 친구에게, 동료에게 서로 빚을 지고, 그 빚을 갚기 위해 몇 년에서 몇 십 년 동안 빚의 노예가 되어 산다. 빚 관계는 주종관계이다. 물질이 주인이 되어 물질이 말하는 대로, 명령하는 대로 살아가게 되는 것이다. 이 세상과 사람들을 물질이 조종하게 된다.

사고파는 세상, 주고받는 하나님나라

한 사람이 두 주인을 섬기지 못할 것이니 혹 이를 미워하고 저를 사랑하거나 혹 이를 중히 여기고 저를 경히 여김이라 너희가 하나님과 재물을 겸하여 섬기지 못하느니라 마 6:24

이 땅의 경제 원칙은 사고파는 것이다. 더 많이 사고 싶다면 더 많이 팔아야 한다. 서로 누가 많이 파는지가 부의 결과로 이어진다. 그러나 하나님나라의 경제 원칙은 주고받는 것이다.

이 세상이 하나님의 경제 원칙인 주고받는 것을 통해서 움직인다면 이 땅의 경제는 어떻게 될까? 만일 이 세상이 이미 마귀의 권세 아래 움직이고 있어서 이런 일이 절대 불가능하다면, 이 땅에 있는 하나님의 교회에서만이라도 믿음으로 이 경제 원칙을 적용한다면 어떤 결과가 초래될까? 너무나 궁금하다.

그렇게 된다면 최소한 예수 믿는 사람들과 교회에서는 부자와 가난한 자가 나뉘지 않을 거라고 믿는다. 사도행전은 베드로의 설

교로 3천 명 이상 세례를 받은 후 어떤 일이 벌어졌는지를 잘 보여
준다.

> 그들이 사도의 가르침을 받아 서로 교제하고 떡을 떼며 오로지 기도하
> 기를 힘쓰니라 사람마다 두려워하는데 사도들로 말미암아 기사와 표
> 적이 많이 나타나니 믿는 사람이 다 함께 있어 모든 물건을 서로 통용
> 하고 또 재산과 소유를 팔아 각 사람의 필요를 따라 나눠주며 날마다
> 마음을 같이하여 성전에 모이기를 힘쓰고 집에서 떡을 떼며 기쁨과 순
> 전한 마음으로 음식을 먹고 하나님을 찬미하며 또 온 백성에게 칭송을
> 받으니 주께서 구원 받는 사람을 날마다 더하게 하시니라 행 2:42-47

그들은 가르침을 받고 교제하고 떡을 떼면서 기도에 힘썼다. 그
리고 모든 물건을 서로 통용하고 재산과 소유를 팔아 각 사람의 필
요에 따라 나눠주었다. 하나님의 경제 원칙을 행하는 사람들의 반
응이다. 그곳에는 부한 사람도 가난한 사람도 없었다.
한 개척교회 목사님을 만난 적이 있다. 어떤 방송을 통해서다. 서
울의 어느 지역에서 교회를 개척한 지 십 년이 지나 다섯 가정으로
시작한 교회가 열 가정 정도로 부흥했다. 나이 드신 목사님 부부는
열심히 사역을 하셨는데 근처에 한 대형교회의 지교회가 들어섰다.
알다시피 개척교회 성도들은 할 일이 많다. 교회가 어려우니 헌금
에 대한 부담도 있고, 손이 많이 가는 불편을 감수해야 한다. 그러

다 보니 시간이 지나면서 한 가정씩 큰 교회로 옮겨갔고, 후에는 한 가정만 남았다.

상가 맨 위층에 자리한 교회에는 비가 오면 물이 떨어졌다. 두 분의 사택은 교회 강대상 옆에 위치한 조그만 쪽방이었다. 방 안에는 바가지 같은 냄비 몇 개가 있는데, 비가 오면 비 새는 곳을 막는 데 사용하려고 모아두신 것이라 했다. 설상가상으로 사모님은 직장암에 걸려 치료를 받아야 하지만 많은 비용 때문에 엄두를 못 내고 계셨다.

나이 드신 목사님은 그래도 이 사역을 계속하겠냐는 질문에, 이것이 하나님이 나에게 원하시는 것이라는 확신이 있기에 이 길이 자신의 길이라고 말씀하셨다.

이런 교회가 한두 군데가 아닐 것이다. 손님에게 식사 한 번 대접하는 일에도 몇 십만 원씩 쓰는 세상이다. 커피 한 잔도 몇 천 원씩 내고 마신다. 식사비 줄이고, 커피 한 잔 줄여서 이런 교회를 위해 흘려보낸다면 비가 새는 곳에서 예배를 드려야 하는 교회는 더 이상 없지 않을까.

세상의 자본주의 원칙은 교회에도, 성도들에게도 그대로 적용되고 있다. 돈 때문에 시험 들고, 돈 때문에 관계가 깨지고, 돈 때문에 교회가 갈라지고, 돈 때문에 이혼을 하고, 돈 때문에 가족들이 등을 돌리고, 돈 때문에 사람을 죽인다.

북한의 기독교 선교와 사역을 중심으로 만든 영화가 있다. 그 영화에서 북한 사역자가 남한 교회에 대해 말하다가, 남한의 교회와 성도들은 너무 똑똑해서 어떻게 하면 하나님과 재물을 함께 섬길 수 있는지를 잘 알고 있다는 내용이 나온다.

자본에 종노릇하는 세대가 우리 세대다. 돈이 우상이 되었다. 우리가 섬겨야 할 하나님의 자리에 재물이 앉아 있다. 성경적 경제 원칙을 가지고 사는 것은 쉽지 않다. 이것은 내게 주신 것에 감사하고, 그에 대한 만족이 있을 때 가능하다. 우리에게는 기도라는 강력한 무기가 있다. 이미 하나님은 우리에게 무엇이 필요한지 알고 계신다. 이는 이 세상의 경제 원칙이 자랑하는 것처럼 빚 지게 하신다는 말이 아니다. 우리의 필요를 주님이 직접 채워주시겠다는 말씀이다.

재물을 주인 삼아 살면 사실 편한 게 많다. 예를 들어 돈이 급하게 필요하면 그냥 빌리면 된다. 하지만 하나님을 주인으로 모시는 사람들에게는 기다림이 필요하다. 하나님이 재정을 통해서도 우리를 훈련하시고 만지시고 가르치시기 때문이다. 그 하나님의 도구를 사탄이 빼앗아 사용하고 있다. 재정을 통해 하나님의 삶의 방법을 가르치시는 것을 차단하고 있는 것이다.

노아의 시대를 반추하라

우리는 노아를 기억한다. 노아가 사는 당시에 어떤 일이 있었는지는 말씀을 통해서 짐작할 수 있다.

여호와께서 사람의 죄악이 세상에 관영함과 그 마음의 생각의 모든 계획이 항상 악할 뿐임을 보시고 땅 위에 사람 지으셨음을 한탄하사 마음에 근심하시고 가라사대 나의 창조한 사람을 내가 지면에서 쓸어 버리되 사람으로부터 육축과 기는 것과 공중의 새까지 그리하리니 이는 내가 그것을 지었음을 한탄함이니라 하시니라 창 6:5-7, 개역한글

여기서 '관영하다'라는 말은 '충분하다', '너무 많다'는 의미로, 그들의 죄가 일시적인 것이 아니라 깊이 뿌리박힌 지속적인 것임을 말해준다. 세상에 사는 동안 이 세상이 주는 죄와 함께 살아간 사람들의 계획은 항상 악할 뿐이다. 그 안에 선한 것이 없다. 하나님을 떠난 것이라면 그 어떤 것에도 선한 것은 없다. 도대체 그들이 어떻게 살았기에 그들의 행함이 항상 악할 뿐이라고 말씀하시는 걸까?

하나님의 마음 깊은 곳에서 나오는 탄식과 애통이 있다. 사람이 느끼는 탄식과 애통이 아니다. 이것은 하나님의 마음에서 나오는 후회와 같은 탄식이다. 하나님의 사람들이 하나님을 떠나 세상의 악과 죄와 함께 동거한다면 그 사회와 세상은 불 보듯 뻔하다. 권력을 가지려 수단과 방법을 안 가릴 것이고, 사회적 우월감을 얻기 위해 정신없이 달려가다 보면 불법과 부정과 속임과 거짓이 난무하는 것은 피할 수 없다.

"하나님의 아들들이 사람의 딸들을 보고 자기가 좋아하는 대로 모두 아내로 삼는다."

음란한 세상에 정복당한, 정욕으로 문란해질 대로 문란해진 사회다. 정욕이 시키는 대로 따라가니 남녀의 경계도 없고 원칙도 없어졌다. 순간의 즐거움만 보장된다면 그저 그것에 몸과 마음을 맡겨버린다.

하나님의 마음이 느껴진다. 성경에는 기록되어 있지 않지만 하나님이 이런 세상에 사는 사람들을 향해 아무런 반응도 하지 않으시진 않았을 것이다. 요나를 통해서 전달하신 것처럼 하나님은 좌우를 분별하지 못하는 사람들까지도 아끼신다.

여호와께서 이르시되 네가 수고도 아니하였고 재배도 아니하였고 하룻밤에 났다가 하룻밤에 말라버린 이 박넝쿨을 아꼈거든 하물며 이 큰 성읍 니느웨에는 좌우를 분변하지 못하는 자가 십이만여 명이요 가축도 많이 있나니 내가 어찌 아끼지 아니하겠느냐 하시니라 욘 4:10,11

하나님은 그분의 사람들을 아끼신다. 가능성 없어 보이는 니느웨 사람들을 끝까지 붙드셨던 것처럼 찰나의 쾌락을 좇는 이들까지도 여전히 살리고 싶어 하신다. 그렇지만 노아 때는 하나님의 이런 노력이 아무런 반응도 가져오지 못했다. 경고도 하고 달래기도 하고 징계도 했겠지만 사람들은 세상을 포기하지 못했다. 세상에서 그들의 방법대로 죄와 타협하면서 살아갔을 것이다. 그런 사람들을 바라보시는 하나님의 마음은 탄식과 애통과 근심뿐이다.

무엇이 하나님의 마음을 애통하게 하고 근심하게 하며 이 땅에 사람 지으신 것을 후회하시기까지 만드는가? 어떤 일에 애통하고 후회하는 이유는 사실 간단하다. 기대 때문이다. 기대가 크면 클수록 그에 반대되는 일이 있을 때 더 크게 애통하고 탄식하고 후회하게 된다. 기대는 어떤 일에 대한 희망이고 소망이다. 자기가 심혈을 기울여 준비한 것일수록 원하는 대로 되지 않으면 실망과 함께 탄식이 밀려온다.

하나님은 이 땅의 사람들, 즉 자신의 아들들에게 기대가 있으셨다. 복을 주어 땅의 모든 민족이 하나님의 사람들로 말미암아 복을 얻게 하고자 하셨다. 하나님을 아는 복, 하나님과 함께 사는 복, 하나님을 영화롭게 하는 복.

그러나 기대는 무너졌고, 하나님은 탄식하시고 근심하신다. 그리고 결정하셨다. 이 땅의 모든 생명체를 물로 심판하시기로. 그중 한 사람, 노아와 그의 가족들만이 제외되었다. 성경은 그에 대해 이렇게 말한다.

그러나 노아는 여호와께 은혜를 입었더라 이것이 노아의 족보니라 노아는 의인이요 당대에 완전한 자라 그는 하나님과 동행하였으며 창 6:8,9

성경에서 말하는 의인의 정의는 명확하다.

"오직 의인은 믿음으로 말미암아 살리라"(롬 1:17).

아무리 세상이 타락하고 사람들의 행사가 악할지라도, 의인은 믿음으로 살 수 있다. 노아가 그 삶의 증인이다. 그는 타협하지 않고, 불의에 동참하지 않고, 부정과 부패한 일에는 접근하지 않았다. 사람들이 세상의 여인들을 취하며 자신의 정욕을 불태울 때 노아는 그 속에 함께 거하지 않았다.

이런 노아가 타락한 세상에서 사는 것은 절대로 쉽지 않았을 것이다. 아마도 세상 사람들에게 많은 조롱과 비난과 비웃음을 받았을 것이다. 세상으로부터 부당한 대우를 받고 손해를 보는 일도 있었을 것이다. 타협하면 빨리 갈 수 있는 길이 있었을 텐데도 포기하고 기다리며 살았을 것이다. 보지 말아야 할 것에 눈을 감고, 가지 말아야 할 곳에 발을 옮기지 않았을 것이다. 세상과 타협하면서 그들과 함께 항상 악한 계획을 하느니 세상에서 미움을 받기로 결정한 것이다.

성경은 그의 인생이 완전했다고 말한다. 그는 순전한 삶을 살았다. 거룩함을 생명처럼 지켰고 죄를 미워했다. 오직 하나님과 동행하는 것, 그것이 삶의 모든 것이었다.

가장 타락했던 시대를 살았지만 노아는 그들과 같지 않았다. 구별되었다. 세상에 있지만 세상과 구별된 삶을 사는 사람이었다. 하나님의 눈은 언제나 그를 향했다. 탄식과 근심 속에서 노아는 하나님의 희망이고 소망이었다.

기억하자. 하나님은 우리 각 사람에게 거룩한 기대를 가지고 계시다. 그분의 꿈을 함께 이루고 싶은 기대이다.

"네가 만일 내게 절하면 이 모든 것이 네 것이 되리라."

예수님은 마귀의 시험에 여전히 쟁론하지 않으신다. 오직 말씀으로 마무리하실 뿐이었다.

"주 너의 하나님만 경배하고 다만 그를 섬기라."

다른 어떤 것도 예수님께 섬김의 대상이 되지 않는다. 천하만국도, 세상의 권력도, 재물도, 인생의 자랑도 그 어느 것도 예수님에게 유익을 줄 수 없음을 기억하자.

이 세상이나 세상에 있는 것들을 사랑하지 말라 누구든지 세상을 사랑하면 아버지의 사랑이 그 안에 있지 아니하니 이는 세상에 있는 모든 것이 육신의 정욕과 안목의 정욕과 이생의 자랑이니 다 아버지께로부터 온 것이 아니요 세상으로부터 온 것이라 이 세상도, 그 정욕도 지나가되 오직 하나님의 뜻을 행하는 자는 영원히 거하느니라 요일 2:15-17

6

더 큰 만족을
추구하는 세대

*

마귀는 마지막으로 예수님을 시험하기 위해 예루살렘으로 간다.

또 이끌고 예루살렘으로 가서 성전 꼭대기에 세우고 이르되 네가 만일
하나님의 아들이어든 여기서 뛰어내리라 기록되었으되 하나님이 너를
위하여 그 사자들을 명하사 너를 지키게 하시리라 하였고 또한 그들
이 손으로 너를 받들어 네 발이 돌에 부딪치지 않게 하시리라 하였느
니라 예수께서 대답하여 이르시되 주 너의 하나님을 시험하지 말라 하
였느니라 눅 4:9-12

두 번의 시험에 실패한 마귀는 마지막 시험의 장소로 하나님 율법
의 중심인 예루살렘 성전을 택했다. 예루살렘은 이스라엘 민족의 심

장과 같은 곳이다. 이스라엘 민족의 모든 삶의 시작이고 중심이다. 경제와 정치와 종교가 어우러져 있고, 이곳에서 절기가 지켜지며 제사가 드려진다. 하나님이 계시는 곳, 하나님의 사람들이 가장 많이 활동하고 움직이고 생활하는 곳이다. 그렇기에 모든 문화의 시작이기도 하다. 이곳은 유대인뿐만 아니라 다른 나라 사람들도 많이 모여서 교역을 하는 곳이기도 하다. 그리고 이곳에서부터 땅 끝까지 복음이 흘러간다고 하실 만큼 예루살렘은 하나님의 약속의 근거지이기도 하다.

광야에서 예수님을 시험하던 마귀가 예루살렘으로 장소를 옮긴 이유가 무엇일까? 게다가 예수님을 성전 꼭대기에 세우고는 거기서 뛰어내리라고 한다. 많은 사람들이 보는 앞에서 뛰어내려보라고 말한다. 그러면서 시편 말씀을 인용해서 예수님을 시험한다.

그가 너를 위하여 그의 천사들을 명령하사 네 모든 길에서 너를 지키게 하심이라 그들이 그들의 손으로 너를 붙들어 발이 돌에 부딪히지 아니하게 하리로다 시 91:11,12

예수님을 말씀으로 시험한 마귀가 언제, 어떤 말씀을 이용해서 성도들을 혼란케 할지 알 수 없다.

마귀도 성경을 안다. 하나님의 말씀을 인용해서 예수님을 유혹한다. 수많은 이단들이 잘못 해석된 말씀으로 사람들을 현혹하고 있으며, 그 잘못된 말씀은 사람들을 병들게 하고 있다. 분별이 없는 세대는 이렇게 마귀가 이용하는 말씀으로 인해 넘어지고 이단의 길로 걸어갈 수 있다.

여기서 마귀는 예수님에게 무엇인가를 의도하고 있다. 만약 성전 꼭대기에서 뛰어내려 예수님이 목숨을 잃는다면 이분은 메시아가 아닌 것이 된다. 반대로 하나님의 역사가 나타나 예수님이 무사히 땅에 내리게 된다면 어떻게 될까?

나를 드러내라는 유혹

〈슈퍼맨〉이나 〈스파이더맨〉 같은 영화를 보면 맨 마지막에 주인공과 악당이 일대일로 싸움을 벌이는 장면이 주로 나온다. 그 와중에 주인공의 여자 친구까지 위험에 빠지는 급박한 상황이 벌어지면서 생명이 위험해지기도 한다. 보는 사람에게 긴장감과 급박감을 주기 위해 초를 다투는 싸움을 벌이다가 여자 친구를 간발의 차이로 구하게 된다. 그것을 지켜보는 관객들은 박수를 보내고 환호한다. 해피엔딩으로 끝나는 것이다.

마귀는 예수님이 떨어져 죽기를 원하지 않았다. 예수님이 영웅이 되는 것을 원했다. 사역을 시작하기 전에 사람들에게 영웅이 되라는 것이다.

이것은 이 세대를 향한 마귀의 전략이기도 하다. 마귀는 이 세상에서 영웅을 만든다. 그 대상이 연예인이든 종교인이든 정치인이든 스포츠인이든 상관없다. 세상은 항상 영웅을 만들어 모두가 영웅을 보게 하고 그처럼 되고 싶게 만든다. 모두가 그 사람처럼 되고 싶은 충동을 만들고, 그들이 받는 박수갈채를 동경하게 만든다.

방송이 주는 메시지의 중심은 방송을 보는 모든 사람들이 같은 대리 만족을 얻게 하는 것이다. 드라마, 영화, 광고, 연예 프로그램과 같은 것들에는 사람들을 만족시키기 위한 전략이 숨겨져 있다.

대리 만족은 공허한 사람에게 나타나는 증상이다. 자기 내면이 무엇인가로 꽉 차 있다면 남의 모습을 바라보면서 대리 만족을 느끼고 싶어 하지 않을 것이다. 그럼에도 사람들은 대리 만족을 위해 투자한다. 누구의 외모가 예쁘다고 하면 그를 동경하며 너도나도 할 것 없이 성형외과로 달려간다. 그 사람처럼 해달라는 것이다. 이런 충동은 자신의 본 모습을 잊게 한다. 이렇게 만들어지는 외모 지상주의 역시 영웅주의의 산물이다.

방송인들을 보라. 외모가 거의 비슷비슷하다. 외모로 사람을 판단하고 인정하는 시대에 살다보니 이렇게 되었다. 그런데 어떡하나. 우리가 믿는 예수님은 외모를 보지 않는다고 하셨는데 말이다. 예수님을 바라보지 않는 세대는 세상이 말하는 영웅의 모습 그대로 꾸미고 가꾸기에 바쁘다.

만일 예수님이 성전 꼭대기에서 뛰어내렸을 때 아무 문제없이 땅에 안착하셨다면 그 기적은 매우 빠른 속도로 전파되었을 것이고,

순식간에 예수님은 유명인의 반열에 오르게 되셨을 것이다. 지금 같으면 그 속도는 더 빨랐을 것이다.

여기저기에서 인터뷰 요청이 오고, 많은 사람들이 예수님을 만나기 위해서 줄을 섰을 것이다. 일 년, 아니 삼 년 내내 일정이 꽉 찰 만큼 찾는 사람들이 많았을 것이고, 전 세계를 누비며 유명세를 치르셨을지도 모른다.

예수님이 사역을 시작하기 전에 이 정도 능력을 보이셨다면 그 유명세를 힘입어 사역을 더 잘 감당하실 수 있었을지도 모른다. 하지만 예수님은 그것을 선택하지 않으셨다.

마귀는 인간의 속성을 잘 알고 있다. 무엇에 약한지, 무엇에 강한지, 무엇에 넘어지는지, 무엇에 일어나는지, 언제 우는지, 언제 웃는지….

유명해지는 건 권력을 잡는 것과 같은 강력한 매력이 있다. 한번 유명해지고 영웅 대접을 받고 스타가 되면 그 자리에서 떨어지는 것을 가장 두려워하게 된다. 남들이 쳐주는 박수를 받는 기분과 늘 상석에 앉는 희열을 알게 되기 때문이다.

그러나 영원한 영웅이나 스타는 없다. 언젠가는 시들어버리는 꽃과 같이 그 영광도 사라질 것이다(사 40:7). 우울증과 불면증을 앓다가 나중에는 대인기피증을 갖게 되거나 몰려오는 패배감을 견디지 못해 스스로 목숨을 끊는 사람들이 생기기도 한다. 바로 이것이 마귀가 원하는 결과다.

당대 최고의 스타였던 마릴린 먼로는 "난 한 번도 행복해본 적이 없다"라고 고백했다고 한다. 정말 심각한 것은 이런 사람들이 한둘이 아니라는 것이다. 모두들 주인공이 되고 싶은 열망에 자신의 처지와 상관없이 다른 누군가를 통해 대리 만족을 느끼려 하지만, 돌아오는 것은 공허함뿐이다.

우리는 조연일 뿐

지난 번 책, 《천 개의 심장》을 쓰면서 가장 많이 고민했던 것이 혹시나 내 이름과 사진과 사역이 예수님보다 더 드러나는 건 아닐까 하는 것이었다.

내가 처음 사역을 시작할 때 영향을 받은 사람이 있다. 그 사람의 책을 사서 정독하는 것이 내게 큰 힘이 되었다. 다양한 관점에서 성경을 풀어주는 책이 시리즈로 나왔다. 그래서 그 분의 책을 사는 것은 아깝지가 않았다.

하지만 시간이 지나가면서 처음의 모습과는 다르게 책 속에서 예수님보다 자신의 이름이 더 드러나게 되는 것을 보았다. 유명해지기 시작하면서 처음의 순수함을 잃은 듯 보였다. 그리고 언젠가부터 그 책은 내 손에 들려지지 않았다.

혹 마태복음을 읽으면서 마태가 생각나는가? 사도행전을 읽으면서 누가나 바울이 떠오르는가? 그렇다면 그 책을 다시 읽어야 할 것이다. 그들은 모두 조연들이다. 영화를 보면서 주인공보다 조연이 생각난다면 그 영화는 잘못 만들어진 것이다. 모든 삶의 주인공은 예수님이시다. 주인공이 드러나야 한다.

예수님은 그렇게 유명해지는 대신 마귀에게 성경 말씀으로 응수하신다.

"주 너의 하나님을 시험하지 말라"(눅 4:12).

누구도 하나님을 시험할 수 없다.

'내가 이렇게 하면 하나님이 이렇게 하시겠지, 내가 이 정도로 했으니까 하나님이 날 모른 척하시진 않을 거야. 이 정도 수고했으니 하나님이 기뻐하실 거야.'

마귀는 '네가 이렇게 하면 하나님이 이렇게 하실 거야'라고 말한다. 그러나 그것은 오직 하나님의 주권 안에 있다. 하나님이 내게 무엇을 해주기를 기대하면서 어떤 행동을 한다면 아직 하나님을 모르는 것이다. 설령 내게 아무것도 해주시지 않더라도 순종하는 것, 그것이 하나님이 기뻐하시는 것이다.

빠르게, 더 빠르게

과학 기술이 우리에게 주는 두 가지 메시지가 있다. 첫 번째는 빨라지라는 것이다. 새로 나오는 기계일수록 그 속도는 빨라야 한다. 기다릴 수 없다. 접촉을 하는 순간 즉시 반응을 보여야 한다. 각 회

사마다 자기의 속도가 더 빠르다고 광고하며 소비자들을 유혹한다. 시간이 지나면서 사람들은 자기도 모르게 빠른 것에 반응한다. 조금만 느려도 답답함을 느끼고 작은 시간적 공간도 허용하지 않는다.

그것은 우리의 생활 속에서도 드러난다. 워낙 빠른 것을 좋아하는 민족이라 외국 사람이 제일 빨리 배우는 한국어 단어가 '빨리빨리'라고 한다. 나도 모르게 늘 급하게 반응하며 입에 달고 사는 말 또한 '빨리빨리'이다. 그래서 한국 사람들에게 빠른 문화는 잘 통한다. 음식을 주문했을 때 어느 곳이 제일 빨리 배달되는지, 쇼핑 주문을 한 후 얼마나 빠르게 배송이 되는지, 얼마나 빨리 일을 끝내는지 등에 관심이 많다.

빠른 것을 좋아하는 사람은 옆 사람들이 뛰어가면 어디로 가는지, 무엇 때문에 뛰는지도 모른 채 일단 같이 뛰고 본다. 남들이 나보다 빨리 간다고 생각하면 왠지 불안해서다. 그런데 우리가 아는 성경 말씀 어디를 찾아봐도 빨리 뛰란 말이 없다. 도리어 인내하고 참아야 한다고 말씀하신다. 빨리 뛰는 것보다 중요한 것은 어디로 가느냐 하는 것이다.

속도가 아니라 방향이 중요하다. 사람들이 간다고, 그들이 뛴다고 같이 뛰면 안 된다. 내가 가고 있는 곳이 정말 가야 하는 곳인지 분별하고 준비하면서 정확한 길을 가야 한다.

작년에 한국에 들어와 많은 사람들을 만났다. 오랜만에 한국에 오니 사람들이 쓰는 말 중에 낯선 것이 많았다. 시골 촌놈이 도시에 올라와 촌놈 표시 안 내려고 아는 척하다가 창피를 당하기도 했다. 그중 하나가 '스펙'(spec, specification의 줄임말)이라는 단어다.

남자들이 몸짱 몸매를 위해 복근을 만드는데 그것을 '식스펙'이라고 부른다. 나는 사람들이 자주 사용하는 '스펙'이라는 단어가 '식스펙'을 말하는 건 줄 알았다. 하긴 정말 오랜 시간 말 그대로 산골 짜기에서 살았으니 이런 단어의 의미를 알 리가 만무했다.

한번은 강의를 간 곳에서 담당자들과 식사를 하다가 이 단어가 나왔다. 그에 관해서 5분 정도 얘기를 나누다가 알게 된 건 서로가 전혀 다른 걸 말하고 있었다는 점이다. 모두 박장대소했지만 참 씁쓸했다. 그제야 나는 사람들이 쓰는 스펙의 의미가 무엇인지 알게 되었다.

모두들 자신의 스펙을 쌓기 위해 난리다. 이력서에 적히는 그 한 줄이 인생에 큰 변화를 가져올 거라고 믿는다. 대학에 들어가면 너도 나도 유행처럼 스펙을 쌓기 위해서 유학을 간다. 부모가 어렵게 보내준 학비로 목숨 걸고 공부하는 학생들도 있지만, 거기서 시간만 낭비하는 이들도 적지 않다. 유학을 왔다는 체면과 스펙을 쌓아야 한다는 부담감에 돌아가지도 못하고 적응도 못하는 학생들은 현지 고아와 같다.

사회에 나가면 드러내놓고 스펙 쌓기에 경쟁적으로 뛰어든다. 하지만 사람을 향한 기본적인 예의도, 최소한의 배려도 없는 사람의 화려한 스펙이 과연 그 인생에 얼마나 도움이 될까? 그럼에도 무작정 다른 사람을 좇아가기 바쁘다. 그들보다 뒤처질까 전전긍긍한다. 남들처럼 빨리 가려는 사람들에게는 남들처럼 못할까봐 두려워하는 마음이 있다.

인내는 하나님의 뜻을 분별한다. 조금 천천히 가도 정확한 길을 가게 한다. 하나님은 빨리 주시기도 하지만 많은 경우 우리를 충분히 기다리게도 하신다. 빠른 것에 익숙한 이 세대가 하나님의 성품인 인내를 얼마나 이해할 수 있을까? 주님이 우리를 기다려주신 것처럼 우리도 그분을 기다릴 수 있을까?

편하게 살게 해줄게…!

두 번째 메시지는 편해지라는 것이다. 편한 세상을 만들어주겠다는 공언대로 과학기술은 우리를 정말 편해지게 했다. IT 강국으로 불리는 우리나라뿐 아니라 전 세계가 IT 생활권 안에 들어와 있다고 봐야 할 것이다. 앞으로 과학기술은 더 발전할 것이고, 어린아이부터 어른에 이르기까지 이를 누리는 것이 평범한 생활이고 삶이 될 것이다.

기술의 발전으로 이제 우리는 앉은 자리에서 수십 명과도 대화를 주고받을 수 있다. 자기의 소식을 누구보다 빨리 전달하고 내게 필요한 물건은 간편하게 손가락만 움직이면 집으로 배송된다. 생활공간은 사람들을 위해 더 편하게 만들어진다. 그래야 사람들이 관심을 갖는다. 편한 것을 싫어하는 사람은 없다. 과학기술은 우리의 삶을 더욱 편하게 만들었다.

편한 세상에 살면서 우리는 더 편해지려 한다. 가능하면 덜 기다리고 가능하면 덜 움직이고 가능하면 더 쉽게 생활하기를 원하는 우리 세대에게 예수님은 여전히 좁은 길을 가야 한다고 하신다. 이 길은 생명으로 인도하지만 작고 협소하여 찾는 이가 많지 않다.

교회에서 여름 수련회를 가도 제일 먼저 잠자리가 편한지, 음식은 좋은지를 확인한다. 교회 목사님들의 한결같은 고민은 이제 멀고 힘든 지역은 학생들이 가지 않으려 하고 부모도 보내지 않는다는 거다.

내가 새롭게 서 있는 이곳은 아프간보다 더 열악하다. 생활이나 환경, 날씨, 치안 상태, 교육 환경… 무엇 하나 준비된 게 없다. 자세히 언급할 수는 없지만 가족이 살기에 부적합하다는 유엔의 결정이 이해되는 곳이다.

이제는 그간 헤어졌던 아내와 아이들과 함께 이곳에서 살아야 하는데, 아무것도 준비되어 있는 것이 없다 보니 많은 시간을 생각하며 기도하며 보낸다. 나 혼자라면 지구 끝에라도 가서 버티겠지만 가족이 있다는 건 또 다른 종류의 도전이다.

아내가 왜 우리는 이런 곳으로만 가야 하는지, 그곳으로 보내시려면 살 만한 집이라도 주셔야 하는 게 아닌지 결국 참았던 눈물을 터트린다. 큰 집을 원하는 것도 아니고 좋은 차를 구하는 것도 아니다. 그냥 네 식구 함께 거하며 비를 막을 수 있는 지붕이 있는 집, 밥이나 해 먹을 수 있는 부엌 하나면 된다. 아이들이 교육을 못 받는 것도 참을 수 있고, 일 년 내내 습기와 무더위와 싸우는 것도 괜찮고, 말라리아와 장티푸스 같은 풍토병이 도사리고 있어도 우리가 가야 할 땅이라면 순종하겠다.

주님이 우리의 필요를 모르실 리 없다. 우리를 기다리고 있는 것이 무엇이든, 그것이 편한 길이 아니라도 기꺼이 그 자리에 있는 것이 믿음인 것 같다.

기술을 의지한 인간의 교만
우리는 바벨탑 사건을 기억한다.

이에 그들이 동방으로 옮기다가 시날 평지를 만나 거기 거류하며 서로 말하되 자, 벽돌을 만들어 견고히 굽자 하고 이에 벽돌로 돌을 대신하며 역청으로 진흙을 대신하고 또 말하되 자, 성읍과 탑을 건설하여 그 탑 꼭대기를 하늘에 닿게 하여 우리 이름을 내고 온 지면에 흩어짐을 면하자 하였더니 창 11:2-4

사람들은 벽돌을 구워내는 데 성공했다. 인류 역사의 위대한 발명

이기도 하다. 이때까지는 돌이나 진흙으로 집을 지었기에 비가 오고 태풍이 불면 넘어지고 쓰러지는 일이 태반이었다.

그런데 벽돌을 구워 집을 만들어 보니 진흙집과는 비교할 수 없이 튼튼하고 안정감이 있어서 비가 오거나 태풍이 불어도 끄떡없이 지탱했다. 사람들은 건축학 역사에 길이 남을 이 업적을 이루고 나서 교만해지기 시작했다. 그 벽돌로 성읍과 탑을 쌓아 탑 꼭대기를 하늘에 닿게 하겠다고 나선다.

지금 세상에서도 인간이 가장 높이 지을 수 있는 건물의 한계가 1천 미터도 안 된다고 한다. 두바이에 있는 건물이 900미터 정도 된다고 하는데 그때 당시 벽돌로 하늘까지 닿을 탑을 쌓자는 생각을 했다는 것이다.

바벨탑 사건 이후 몇 천 년이 흐른 지금 우리가 자랑하는 과학기술의 발전과 산업발전에 비한다면 그때는 원시 중에 원시에 속할 것인데 말이다. 정말 웃을 일이다. 인간이 얼마나 무지하고 허망한 꿈의 소유자들인지 알게 된다.

교만은 자신의 처지와 한계를 잊게 하는 능력이 있다. 뭐 하나 잘되거나 성공하게 되면 그 생각을 벗어나질 못한다. 그들은 말한다.

"우리의 이름을 내자."

과학기술의 발전은 하나님 대신 인간의 능력과 이름을 내고 싶어 한다. 하나님이 우리의 삶을 이끄시는 것이 아니고 기술이 우리의 삶을 이끌어간다고 생각한다.

하나님은 인간들의 속셈을 아시고, 그들의 범죄와 교만과 하나님을 대적하는 악행을 보시고 언어를 흩으셨다. 성경은 그제야 성 쌓기를 그쳤다고 말한다.

우리가 과학기술만 의존하고 살아간다면 언젠가는 그 기술의 한계를 만나게 될 것이다. 기계를 의존하고 살다가 어느 날 갑자기 그것이 멈춰버린다면 우리 사회가 엄청난 혼란 속으로 빠져 들어갈 것은 뻔한 일이다.

과학기술은 우리가 의존하는 것이 아니라 다스려야 하는 것이다. 과학기술은 하나님의 영광을 위해서 쓰여야 한다. 기술자들은 더 많이 기도하면서 과학을 통해 하나님의 나라가 전파되고 사람의 이름이 아니라 하나님의 이름이 높아지게 해야 한다. 그리고 우리는 스스로 좀 불편해지기를 결정해야 한다.

불편함을 선택하라

편해지기 시작할 때 우리는 하나님께 순종할 수 없게 된다. 편안함이 내 몸과 마음과 생각을 지배하기 시작하면 우리는 더욱 편안한 자리를 찾아 그 자리에 주저앉아 있게 될 것이다. 아주 작은 것같이 보이지만 삶 속에서 우리가 편해지려는 마음을 내려놓는다면, 조금 불편하지만 그것을 선택한다면 우리는 주께로 더 가까이 갈 수 있다. 성경 어디를 찾아봐도 너희가 편해질 거라고 말하지 않는다.

예수님은 머리 둘 곳도 없으셨다고 한다.

그리스도를 위해서 조금만 불편함을 감수하면 어떨까? 자가용보다는 대중교통을 이용하고, 명품 옷보다는 검소한 옷을 선택하고, 앉아서 가기보다는 서서 가고, 먼저 가기보다는 나중에 가고, 빨리 가기보다는 천천히 가고, 누리기보다는 양보하고, 배부르게 먹기보다는 조금 부족한 듯 먹고, 많이 쓰기보다는 조금 적게 쓰면서.

우리 자녀들은 좀 불편해지게 하자. 이런 교육을 세상에 맡기지 말고 부모가 하도록 해야 한다. 하나님은 세상을 다스리라고 했지 세상에 다스림을 받으라 하지 않으셨다.

하나님이 창조하신 첫 사람의 불순종으로 죄가 들어오고 그들이 원수 뱀의 유혹을 이기지 못함으로 무너진 하나님의 순종의 질서를 예수님이 이 땅에 오셔서 동일한 마귀의 유혹을 받으셨을 때 하나님께 순종함으로 회복하셨다.

주님은 자신의 능력을 믿고 자신의 가치를 입증하여 마귀의 콧대를 꺾는 일을 하지 않으셨다. 예수님은 순종으로 인본주의를 버리셨고 하나님의 말씀을 택하셨다. 세상의 권력과 권세에 대해서 흔들리지 않으셨다. 자본주의가 지배하는 세상에서 권력을 갖는 것이 성공이고 완성이라고 생각할 수 있지만, 세상의 권력보다는 하나님만 섬기고 예배하는 것을 택하셨다.

사람들은 여전히 영웅이 되고 싶고 유명한 사람이 되고 싶다는 유혹에 끊임없이 시달리고 있다. 그 달콤한 유혹 앞에 앞날이 창창한

젊은이들이 장님처럼 앞을 보지 못하고 따라가고 있다.

순종은 세상을 보지 않고 하나님을 보게 한다. 마귀의 어떤 유혹도 순종의 힘 앞에선 무용지물이다. 예수님 역시 인간으로 오셨을 때 마귀의 유혹을 순종으로 이기셨다.

2014년 4월 어느 날에

어젯밤에는 비가 왔습니다. 이제 곧 우기가 시작됩니다. 찌는 듯한 더위로 가득한 이곳에서 일 년 중 우기 때는 그나마 시원한 바람이 붑니다. 그런데 걱정이 있네요. 시원한 바람이 부는 건 좋은데 땅이 젖어 걸어다닐 수 없을 만큼 질퍽거립니다. 우기 때는 아무것도 할 수 없는 마비 상태가 되기도 합니다. 집 안의 오물들이 거리로 쏟아져 나옵니다. 여기저기서 악취가 나지만 이곳 사람들은 별로 상관하지 않습니다.

우리에게 좋은 어떤 것이 있을 때, 어떤 사람들은 그로 인해 피해를 보기도 하는 것 같습니다. 비가 오기를 기다리지만 그 비가 또 다른 불편을 주기도 하는 것처럼 말입니다.

이곳에는 말라리아가 흔해서 침대에 개인용 모기장을 치고 잠을 잡니다. 모기는 잡아도 잡아도 어디서 그렇게 나타나는지…. 이제는 모기가 별로 신경이 쓰이진 않지만, 잠을 잘 때만은 모기장 안에 모기가 있는지 꼭 확인하고 여러 번 점검합니다. 없다고 생각되어야 잠을 청합니다. 그런데 그제도 어제도 오늘도 그 작은 모기장 공간에 모기가 살아 있었습니다.

도대체 어디로 이 모기가 들어왔을까요? 아무리 궁리를 하고 모기장을 뒤져봐도 모기가 들어갈 수 있는 틈은 없어 보입니다.

그래도 모기는 그 안으로 들어가 거기서 살고 있더군요.

오늘 아침에도 모기장 안에서 또 한 마리의 모기를 발견했습니다. 그 한 마리가 내 몸에 말라리아균을 퍼트릴 수 있다면 한 마리뿐이라 해도 이 모기는 제게 치명적입니다. 그러니 어떻게든 잡아야겠죠. 그런데 셀 수 없이 많은 모기들을 다 잡을 수는 없습니다. 그저 내가 조심하는 수밖에요.

우리 인생도 같은 이치라고 생각합니다. 아무리 조심해도 나도 모르는 사이에 주로부터 오지 않은 나쁜 죄의 바이러스가 들어왔다면, 그건 나를 죽일 수 있는 심각한 질병을 일으킬 수 있습니다. 내 삶의 어떤 영역에서 보이지 않게 숨어 있는 이것을 잡아내어 내가 있어야 할 그 자리를 지키며 마음을 새롭게 하는 것이 필요합니다.

나는 지금 또 다른 도전을 앞에 두고 있습니다. 가야 할 길이 먼데 내 발목을 잡는 것은 다름 아닌 나 자신인 것 같습니다. 나 자신조차도 감당할 수 없는 이곳 현실과 상황에 곧 아내와 아이들이 들어옵니다. 집도 생활도 학교도 아무것도 없습니다. 어디서부터 시작해야 할지 모르겠는데 시작은 해야 합니다.

이곳의 비가 좋은 것과 불편한 것을 동시에 주듯, 이 두 가지가 함께 공존하며 살아가는 것이 우리의 삶이 아닌가 싶습니다. 가야 할 길을 갈 수 있는 믿음은 내가 만드는 것이 아니라 주님이 주셔야 합니다. 그런 믿음이 있도록 기도해주십시오.

하나님에 대한 진정한 순종은 주님의 성품에서 나온다. 주님은 하나님께 순종하셨고, 우리에게서도 그 순종을 원하고 기다리신다. 제자들에게 순종을 가르치실 때도 다른 논리적 원칙을 사용하지 않으셨다. 예수님의 순종은 하나님의 성품을 만났기에 가능했다. 순종은 예수님의 성품을 만날 때 가능하다.

PART 3

순종의
한 걸음을
시작하라

7

지금까지와
다른 방향으로

*

사도 바울은 말한다.

그러므로 너희가 회개하고 돌이켜 너희 죄 없이 함을 받으라 이같이
하면 새롭게 되는 날이 주 앞으로부터 이를 것이요 행 3:19

회개하고 돌이키는 것을 회심(回心)이라 한다. 즉 우리가 회심한
다는 것은 지금까지 걸어왔던 방향에서 돌이켜 다른 방향으로 향한
다는 의미가 된다. 회개와 회심을 같은 의미로 보는 사람들도 많지
만, 나는 두 가지를 조금 구별하고 싶다.

즉 회개는 거룩한 하나님의 사랑과 예수님의 십자가 능력을 깨달
아 내가 죄인임을 알게 되고 그 죄를 용서 받기 위해 처절한 애통함

과 탄식으로 마음을 찢으며 죄 없이 됨을 구하는 것이고, 회심은 회개 이후에 전과 같이 살지 않고 새로운 피조물로서 새로운 삶을 선택하여 사는 것을 말한다.

회심이 일어나면 첫 번째로 마음을 새롭게 하게 된다. 마음의 회심이 일어나지 않으면 몸의 회심도 일어나지 않는다.

나는 오래전에 대학생 사역을 했다. 벌써 이십 년 전의 일이다. 그때는 학원 복음화의 절정기라 할 수 있는 시기였다. 캠퍼스에서 많은 학생들이 헌신하고 선교에 도전했으며, 기독 동아리들은 사역의 열정으로 가득했다. 여름마다 열리는 청년 집회와 캠프들에는 지금보다 훨씬 많은 학생들이 모여 들었다. 그곳에서 많은 학생들이 각자의 부르심을 확인하고 복음을 들고 열방으로 나아갔다.

당시 학생복음운동에 열심을 내던 이들은 이제 사회와 정치와 문화, 가정, 종교 등에서 기성세대로 성장해 살아가고 있다. 그런데 지금 우리 사회는 높아진 생활수준에 비해 건강한 모습을 보이고 있지 못하다. 이런 부조화가 이뤄지는 건 어쩔 수 없는 현상일까?

우리가 각자의 자리에서 소금과 빛의 역할을 할 수 있다면, 지금 우리가 살고 있는 사회가 좀 더 건강하지 않을까 하는 아쉬움이 남는다. 왜 우리의 신앙은 학교 안에서만 빛을 발했던 것일까? 왜 사회에만 나오면 우리는 작아지는가? 그나마 오늘날에는 학교 안에서마저 그 빛이 사그라지고 있다.

우리가 만들어가야 하는 것

회심은 회개를 한 후에 다시는 그 죄의 자리에 돌아가지 않는 것이다. 이제는 돌이켜 나의 모든 삶의 초점을 주님께 맞추는 것이다. 우리가 진정한 회개의 문을 통과했다면 진정한 회심의 자리로 돌아올 수 있을 것이다.

문제는 예수님이 마귀에게 시험을 받으셨던 것처럼 우리도 세상의 시험을 받는다는 것이다. 그리고 우리는 시험을 받을 때 쉽게 넘어지고 유혹에 약한 연약함을 여전히 가지고 있다. 다시 말하면 회심의 자리로 돌아왔지만 그 회심의 기쁨과 환희와 은혜가 오래가지 못한다는 것이다. 우리에게 그 처음 사랑이 매일같이 지속된다면 그 힘으로 회심의 자리를 지킬 수 있을 텐데, 시간이 지나고 상황이 바뀌어 시들해지는 나를 경험할 때 넘어지기 시작한다.

처음에는 회심하고 새롭게 걸어가던 길에서 살짝, 45도쯤 몸을 틀어본다. 이 정도로도 하나님은 이미 이 사람이 어떤 마음을 품었는지 아셨을 것이다. 다시 옛날로 돌아갈 수 있는 여지가 있기에 이때 벼락을 내리시면 다시는 회심한 자리에서 몸을 틀지 않겠지만 하나님은 그렇게 하지 않으신다.

45도를 틀어도 내 삶에 아무런 불이익이 일어나지 않으면 좀 더 과감하게 90도로 돌아서본다. 그래도 아무 일이 일어나지 않으면 완전히 180도를 돌아서 다시 옛날로 돌아간다. 회개하며 뱉어버린 죄 된 옛 습성과 습관을 다시 따라 살게 된다. 그래도 내 삶에는 하나님의 어떤 징계나 심판이 주어지지 않는다. 그러다가 양심에 가책이 느껴지면, 다시 회심하며 갔던 자리로 돌아간다.

나중에는 회심의 자리와 옛 자리를 아주 빠른 속도로 오가면서 적절한 타협점을 찾기 시작한다. 주일에는 하나님을 예배하고 다른 날 동안에는 세상과 타협하며 이전의 삶을 살아간다. 처음에는 마음에 부담도 있고 양심의 가책도 느껴지지만 시간이 지날수록 마음과 양심의 외침은 점점 작아진다. 나중에는 아주 작아져서 들리지도 않는다.

회심은 나에게 주어지는 것이 아니라 내가 만들어가는 것이다. 주님의 은혜와 그 사랑이 감사해서 그분께로 가는 것이다. 회심은 뒤돌아보지 않는 것이다. 세상의 프로그램과 가치와 사고가 교회에 들어와 교인들을 움직이고 있고 그것을 따라가고 있다면 우리는 회심한 사람들이 아니다.

우리에게 습관처럼 몸에 밴 게 있다. 무엇을 하는 '척'하는 거다. 체면 때문에 자신의 모습을 멋있게 포장한다. 그러니 교회 안에서는 거룩한 듯한데 밖에 나가면 세상 사람들보다 더 추하고 악하고 이기적인 모습들을 보이는 것이다. 이 사람들은 두 얼굴을 가지고 있다.

구원 받은 척, 성령충만한 척, 거룩한 척, 말씀을 읽는 척, 기도를 하는 척, 인품이 좋은 척, 아무렇지도 않은 척, 아무 문제가 없는 척, 건강한 척, 아프지 않은 척…. 어딘가 모르게 부자연스러운 이런 행동들은 이미 자신만 모르지 주변 사람들은 어느 정도 알고 있을 것이다. 이런 사람들에 대한 주님의 경고가 명확하다.

화 있을진저 외식하는 서기관들과 바리새인들이여 회칠한 무덤 같으니 겉으로는 아름답게 보이나 그 안에는 죽은 사람의 뼈와 모든 더러운 것이 가득하도다 이와 같이 너희도 겉으로는 사람에게 옳게 보이되 안으로는 외식과 불법이 가득하도다 마 23:27,28

사람들은 성경에 기록된 이 말씀이 옛날 서기관들과 바리새인들의 모습일 뿐이라고 생각할지 모른다. 하지만 나는 이것이 지금 한국에게 주시는 예수님의 경고라고 본다.

'나는 아니겠지'라고 생각하는 모든 사람들에게 이 말씀은 적용된다. 차라리 예수를 믿지 않는 사람들은 구원의 기회나마 가지고 있겠지만, 여기 기록된 바리새인과 서기관의 인생은 더 처참하고 비참하다는 사실을 알아야 한다.

그들은 하나님의 율법을 가르치고, 종교적 사고와 가치를 사회에 전달하며, 백성들을 이끌고 제사와 절기를 인도하는 사람들이다. 그럼에도 이 사람들은 겉과 속이 다르다. 회칠한 무덤. 겉은 칠을 해서 말끔해 보이지만 속은 썩은 냄새가 진동하는 시체와 별 다를 게 없다는 이 표현은 예수님이 주시는 최고의 경고다.

그렇게 살 수 있는가

한국에 있을 때 한 집회에서 있었던 일이다. 말씀 전하는 시간을 기다리며 예배를 드리고 있는데 갑자기 주님이 어떤 말씀이 생각나게 하셨다.

예수께서 무리가 자기를 에워쌈을 보시고 건너편으로 가기를 명하시니라 한 서기관이 나아와 예수께 아뢰되 선생님이여 어디로 가시든지 저는 따르리이다 예수께서 이르시되 여우도 굴이 있고 공중의 새도 거처가 있으되 인자는 머리 둘 곳이 없다 하시더라 제자 중에 한 사람이 이르되 주여 나로 먼저 가서 내 아버지를 장사하게 허락하옵소서 예수께서 이르시되 죽은 자들이 그들의 죽은 자들을 장사하게 하고 너는 나를 따르라 하시니라 마 8:18-22

이미 예배는 시작되었지만 이 말씀을 찾아 몇 번씩 읽었다. 한참 읽다가 이 말씀이 주님으로부터 왔음을 깨달았고, 원래 준비했던 말씀이 아닌 이 말씀으로 설교를 해야 했다. 주님이 이 말씀을 주시고, 이 말씀 안에서 나를 보게 하셨고, 또한 그곳에서 전해야 될 말씀이라고 하셨기 때문이다.

예수님은 무리를 보시고 그 자리를 피하셨다. 예수님은 언제나 인기와 명성에 연연해하지 않으셨다. 자신을 인정해주는 군중보다 겸손의 자리를 찾으셨다. 그분 마음속은 오직 하나님을 향한 갈망으로 가득했기 때문이다.

그때 예수님을 따라나선 한 사람이 있었다. 아마도 예수님이 어디서 무엇을 하시는지 잘 알고 따라온 것 같다. 이 사람의 직업은 서기관이었다. 서기관은 율법 선생으로 관직에 있는 사람이기도 하다. 그 서기관이 예수님을 따라와 조용히 말을 건넨다.

"예수님이 어디로 가시든지 저는 따라가겠습니다."

예수님을 따라다니며 그분의 제자가 되겠다는 말이다. 짧지만 결단력 있게, 그로서는 용기와 믿음을 담아 드리는 고백이었다.

서기관을 제자로 둔 예수님, 괜찮을 것 같다. 예수님의 다른 제자들 중에는 누구 하나 좋은 가문이나 직업을 가진 사람들이 없었다. 제자들 대부분이 사회에서 가장 주목 받지 못하는 사람들이었다. 만약 이 제자들이 명함을 만든다면 그 명함에 자기 이름 외에는 적을 만한 직책이나 경력이 별로 없었을 것이다.

그런 예수님이 서기관 정도의 제자를 둔다면 예수님의 어깨가 좀 으쓱해질 수도 있지 않았을까? 서기관도 아마 예수님의 다른 제자들과 자신을 비교하며 자기 정도의 위치라면 예수님이 두 손 들어 환영해주실 거라고 예상했을지 모른다.

그런데 예수님은 좀 엉뚱한 대답을 하셨다.

여우도 굴이 있고 공중의 새도 거처가 있으되 인자는 머리 둘 곳이 없다 하시더라 마 8:20

이게 도대체 무슨 말씀인가? 제자로 받아들이겠다는 말씀인가 아니면 안 된다는 말씀인가? 이는 '내가 가는 길은 나도 알 수 없다'는 말씀이다. 정말 예수님이 어디로 가실지 몰라서 하신 이야기는 아닐 것이다. 예수님은 서기관이 당신의 제자가 되고 싶다는 말의 의미를 알고 계셨다. 또한 서기관의 마음의 동기도 아셨을 것이다.

당시에 예수님이 말씀을 전하시고 기적을 행하신 일들은 큰 이슈가 되었을 것이다. 사람들이 예수님을 선지자로, 메시아로 믿고 따르면서 예수님은 능력 있고 인기 있는 분이 되셨다. 어쩌면 이 서기관은 예수님을 따라다니며 그분의 사회적 인기와 기대에 편승해 자신의 필요를 도모하려 했을 수 있다. 예수님을 자기 인생이나 직업이나 미래를 위해 필요한 하나의 필요조건으로 생각한 것이다. 또 한편으로는 예수님의 겉모습만 보고 예수님이 좋은 곳으로만 다니며 고난은 하나도 없이 호의호식하고 있다고 생각했을 수 있다. 그런 사회적 편안함을 누리려는 마음도 있었을 것이다.

이런 사람들, 즉 이 서기관 같은 사람들이 바로 '무엇을 하는 척' 하는 사람들이다. 서기관이라는 직책을 가지고 자기의 유익과 이익을 위해서 신앙생활을 하는 사람들, 예수님을 따라가겠다고 말하지만 그 마음의 동기와 생각은 자기의 유익을 위한 것이다. 따라가겠다는 고백 속에 담긴 진심을 예수님은 아셨다.

그런 사람들에게 주는 예수님의 대답은 간단하다. 'NO'도 아니고 'YES'도 아니다. 따라오라고도 하지 않으시고 따라오지 말라고도 하지 않으신다. 대신 자신처럼 그렇게 살 수 있겠느냐고 물으신다. '나는 머리 둘 곳이 없다'는 말씀은 예수님의 길이 서기관이 생각하는 것 같은 비단길이 아니라는 말씀이다. 편안하고 넓은 길은 더더욱 아님을 시사하신다.

서기관은 예수님의 길을 알지도 못할 뿐 아니라 예수님이 가시는 그 길을 따라갈 수 있는 사람이 아니었다. 예수님을 향한 다른 의도, 메시아를 향한 다른 열망이 그에게 있었기 때문이다. 예수님은 이것을 아셨다. 많은 사람들이 머리 둘 곳 없이는 아무것도 하지 않을 것이다. 우리의 머리 둘 곳이 얼마나 크고 넓은지를 자랑할 것이고 그것이 모든 것이 될 것이다. 그러나 예수님은 정말 머리 둘 곳이 없으셨다. 언제 찾아가도 안정감을 얻고 편안함이 기다리는 장소가 없었다는 것이다. 멀리 여행을 다녀와 지친 몸을 쉴 만한 작은 공간도 없이 평생을 사셨다.

아내와 한국에 있을 때 살던 집은 재건축을 해야 하는 지역에 있었다. 그러다보니 오래되고 낡은 집들이 많았다. 그런데 조금만 걸어가면 최근에 지은 새 아파트들이 즐비하게 들어서 있다. 이 동네 초등학교에는 아파트에 사는 아이들과 재개발 지역에 사는 아이들로 나눠져 있다고 한다. 어디에 사느냐에 따라 자기들의 무리에 넣어주기도 하고 멀리하기도 한다는 것이다. 이런 일들은 한국 사회에서 흔한 일이다.

만일 예수님이 지금 이 시대를 살고 계시다면 불행한 시대를 보내셨을 것이다. 예수님을 교회에 초청해 말씀을 들은 후에 집에 모셔다 드리려고 했더니 갈 곳이 없다고 하시면 교회에서는 어떤 반응을 보일까?

아주 허름해 보이는 옷에, 차도 멋진 차가 아니라 경차를 이용하신다. 아니, 꼭 필요한 경우가 아니라면 대중교통을 이용하실 수도 있다. 호텔 식사보다는 동네 서민들의 된장국을 더 좋아하실 것이고, 주머니에는 당장 필요한 몇 장의 지폐가 전부인 채로 사실 것이다. 그 흔한 스마트폰도 물론 안 쓰실 것이다.

예수님은 대중의 인기보다는 홀로의 겸손을 택하셨고, 편안하고 안정감 있는 곳보다는 머리 둘 곳 없는 곳을 택하셨으며, 사회적 지위층보다는 초라한 서민을 택하셨다.

살았으나 죽은 사람들

서기관의 이야기가 끝난 후에는 예수님의 제자 중 하나가 부친을 장사하게 허락해 달라고 요청하는 이야기가 나온다. 부친을 장사하는 것은 자녀의 의무이자 책임이다. 다른 이도 아닌 부친을 장사하는데 당연히 가서 그것을 준비해야 하지 않을까? 그러니 당연히 예수님도 허락하실 거라 기대했지만 예수님은 전혀 다른 반응을 보이신다.

"죽은 자들이 그들의 죽은 자들을 장사하게 하고 너는 나를 따르라"(마 8:22).

서기관이 따르겠다고 할 때는 머리 둘 곳이 없다고 말씀하신 예수
님이 부친의 장례를 치르고 오겠다는 제자에게는 그 일을 다른 사람
에게 맡기고 나를 따르라고 말씀하신다. 나는 이 제자가 아마 열두
제자 중 하나가 아닐까 생각한다. 어쨌든, 나는 여기에 중요한 예수
님의 메시지가 담겨 있다고 본다.

여기서는 두 종류의 죽은 자들이 나온다. 첫 번째 죽은 자는 생명
이 있으나 죽은 상태인 자들을 말하고, 두 번째 죽은 자들은 이 땅
에서의 삶이 다한 사람들을 말한다. 예수님은 이 두 종류의 죽음을
같이 말씀하신다. 살아 있지만 죽은 자들이 있고, 숨이 다하여 사망
한 죽은 자들이 함께 있다는 말씀이다.

두 번째 죽은 자들에 대해서는 우리도 잘 알고 있다. 나이가 들
어서든 병들어서든 갑작스런 사고를 당해서든, 언젠가는 우리 모두
죽음을 맞이할 것이다. 슬픈 일이지만 누구도 이 길에서 비껴갈 수
없다.

그렇다면 첫 번째 죽은 사람들은 어떤 사람들인가? 예수님은 누
구를 향해서 '살아 있지만 죽은 자'라고 말씀하시는가?

이 세상에는 예수님으로 인해 생명의 삶을 이어가는 사람과 숨을
쉬고는 있지만 죽은 사람들이 있다. 이 두 종류의 사람들이 함께 공
존하고 어울리면서 살고 있는데, 육체가 죽어서 땅에 묻힌 상태이
든, 살아 있긴 하지만 죽은 상태에 있는 사람이든 죽은 사람에게서

는 모두 썩은 냄새가 난다. 살아 있지만 죽어 있는 사람들은 멋진 차에, 좋은 옷을 입고, 비싼 향수를 뿌리고 다녀도 회칠한 무덤같이 속에서부터 썩은 냄새가 올라온다.

나는 하나님이 은사를 주신다면 이런 은사를 주시면 좋겠다. 누가 살아 있는 사람이고 누가 죽어 있는 사람인지 구별하는 은사 말이다. 하지만 그렇게 되면 아마 나는 세상에서 둘도 없는 유명인사가 되든지, 아니면 이단으로 내몰려 세상에서는 숨도 쉬지 못하게 될 것이다. 어쨌든 진짜는 예수님만이 아시는 일이다.

요한계시록에 첫 번째 사람들에 대해 잘 설명해주는 예가 나온다.

사데교회의 사자에게 편지하라 하나님의 일곱 영과 일곱 별을 가진 이가 이르시되 내가 네 행위를 아노니 네가 살았다 하는 이름은 가졌으나 죽은 자로다 너는 일깨어 그 남은 바 죽게 된 것을 굳건하게 하라 내 하나님 앞에 네 행위의 온전한 것을 찾지 못하였노니 계 3:1,2

사데교회는 아시아 일곱 교회 중 하나이다. 이 교회에 대한 주님의 책망이 명확하다.

"내가 네 행위를 아노니."

사람들은 아무 생각 없이 행동할 때가 많다. 우리는 모를지라도 주님은 우리 행위와 마음의 동기를 이미 아신다. 그래서 우리는 어떤 행위나 태도나 마음에서 나오는 것에 대해 주님을 속일 수 없다.

그런 주님이 사데교회에게 "네가 살았다 하는 이름은 가졌으나 죽은 자로다"라고 말씀하신다. 그들은 스스로 살아 있다고 믿고 있다. 여기서 '살았다'는 말은 생명이 살아 있는 것을 의미하는 것이 아니라 예수님의 생명을 먹고 사는, 거듭난 삶을 사는 사람을 뜻한다.

그들 스스로는 교회에서 어떤 모습으로, 어떤 직분을 가지고 살았는지 모르지만 생명으로 살아 있다고 믿었던 모양이다. 하나님을 위해서 봉사하고 헌금하고 절기도 잘 지키고 사역하고 설교도 했을 것이다. 선교사로 목회자로 기관 회장으로, 그 누구보다도 교회를 잘 섬겼을 것이다. 그러나 그런 이들을 향해서 주님은 살았다고 하나 실상은 죽은 자들이라고 말씀하신다. 도대체 뭐가 산 사람이고 뭐가 살았지만 죽은 사람인가?

이와 같이 행함이 없는 믿음은 그 자체가 죽은 것이라 어떤 사람은 말하기를 너는 믿음이 있고 나는 행함이 있으니 행함이 없는 네 믿음을 내게 보이라 나는 행함으로 내 믿음을 네게 보이리라 약 2:17,18

야고보서는 이에 대해 명확하게 알려준다. 행함이 없는 믿음은 그 자체가 죽은 것이라는 말이다. 그런 사람은 믿음이 있다고 말하지만 그 믿음에서 나오는 열매를 볼 수가 없다. 교회에 다니는 것이 믿음은 아니다. 예수님을 믿는 사람으로, 그 중심을 예수님께 두고 살아간다면 예수님을 통해서 배우고 알아가는 것들이 우리 삶에서 행동으로 나와야 한다. 우리 중에는 말로 믿음을 표현하는 사람이 있는가 하면 행함으로 믿음을 표현하는 사람들이 있다.

야고보 사도는 이 말씀 바로 전에 행하는 사람의 태도가 어떤 것인지 자세히 설명해준다.

> 만일 형제나 자매가 헐벗고 일용할 양식이 없는데 너희 중에 누구든지 그에게 이르되 평안히 가라, 덥게 하라, 배부르게 하라 하며 그 몸에 쓸 것을 주지 아니하면 무슨 이익이 있으리요 약 2:15,16

만일 우리가 도움과 사랑이 필요한 사람들을 본다면 이런저런 말로 하는 척만 해서는 안 된다. 이런 것은 흉내를 내는 것일 뿐이며 체면이나 의무감 때문에 마지못해 하는 것일 뿐이다.

성경 66권을 달달 외운다 해도 그 속에 있는 말씀 한 구절에 진심을 담아 행함으로 옮기지 않는다면 그 성경은 우리에게 아무 의미가 없다.

> 여호와여 내가 전심으로 부르짖었사오니 내게 응답하소서 내가 주의 교훈들을 지키리이다 내가 주께 부르짖었사오니 나를 구원하소서 내가 주의 증거들을 지키리이다 시 119:145,146

시편 기자가 주께 부르짖어 응답되기를 기다리는 것은 주의 율례와 증거를 지키는 것이다. 이는 말씀과 증거를 아는 데 그치지 않고 그것을 삶으로 살아내는 것을 말한다. 온 생명을 다해 살아가는 것이다. 하나님의 말씀은 내가 살아낸 만큼 내 것이 된다. 행함이 없는 삶은 죽은 것이다. 예수님은 이런 사람들을 향해 죽었다고 말씀하신다.

우리는 어떠한가

복음이 필요한 열방에는 예수님을 모르는 사람들이 태반이다. 아니, 듣기는 해도 그분을 인정하거나 믿지는 않는다. 그 이유를 생각하다 불편한 이야기이지만 내가 섬기는 모슬렘 사람들에게 기독교는 어떤 종교인가 생각해보았다. 우리가 보는 우리의 모습과 밖에서 보는 우리의 모습은 어떻게 다른가?

몇 년 전에 아프간에서 사역하는 한 외국단체에 미국에서 단기팀이 방문했다. 여기저기 다니며 일정을 소화하고 저녁에는 그 단체의 숙소에서 잠을 잤다. 당시만 해도 전기가 없어서 발전기를 쓰거나 방에 작은 촛불을 켜둘 때였다.

각 집마다 집을 지키거나 대문을 열어주는 현지 직원이 한둘씩 일을 하고 있었는데, 그 집에도 일하는 분들이 있었다. 하루는 저녁에 이 현지인이 단기팀 자매 혼자 쓰는 방에 올라가 문을 두드렸다. 누구냐고 물어도 대답 없이 계속 문을 두드리자 자매는 놀라서 소리를 질렀고, 다른 방에 있던 형제들이 현지인을 발견해서 사무실로 데려갔다.

모두 한밤중에 일어난 이 일에 놀라 한바탕 소동이 벌어졌다. 형제들이 그에게 야심한 밤에 왜 자매 혼자 있는 방에 들어가려고 했냐고 물었다. 그러자 그 현지인이 자기가 미국 영화를 자주 보는데, 영화에서 보면 밤에 여자 혼자 방에서 서성거리면 밖에 있는 남자를 유혹하는 거더라는 것이다. 그런데 자매 방을 보니 촛불에 생긴 그림자 때문에 자매가 왔다 갔다 하는 모습이 큰 창에 비쳤고, 그게 자기를 유혹하는 것인 줄 알고 방으로 올라갔다는 얘기였다.

참 어이가 없었지만 씁쓸한 이야기였다. 모슬렘 가정에도 위성을 통해 미국과 서양의 방송이 모두 들어온다. 모슬렘이 생각하는 기독교는 미국과 서양의 문화이다. 그런데 방송을 통해 보이는 그들의 문화가 타락한 성과 윤리, 폭력과 폭행, 동성과 이성의 구분 없는 혼인 서약 같은 것들이니 그들이 기독교를 부패한 종교라고 여기는 것이다.

모슬렘은 일부다처제를 시행한다. 공식적으로 네 명의 부인을 둘 수 있다. 나는 가끔씩 결혼하는 현지 제자들에게 한 명하고만 결혼하라고 당부한다. 대부분의 제자들은 모두 그렇게 하겠다고 결심하지만 기어코 둘째, 셋째 부인을 얻는 경우도 있다. 내가 그들에게 왜 그 힘든 결혼을 또 하느냐고 물어보면 이 친구들의 반응 중 하나는 이렇다.

"우리는 공식적으로 아내를 두세 명씩 두지만 당신들 기독교인들은 비공식적으로 아내를 두세 명씩 두지 않느냐?"

영화를 통해서 접한 서양 사람들은 모두 자기 아내를 두고 다른 여자와 부정한 관계를 가지며 살더라는 것이다. 성적으로 타락한 당신들보다 차라리 공식적으로, 능력껏 아내를 두는 것이 더 낫다는 의미이기도 하다. 말만 보면 틀린 말은 아니지만, 그렇다고 인정할 수도 없는 현실이다.

모슬렘이 생각하는 기독교는 이렇게 더러움으로 물든 쓰레기 같은 모습이다. 그들은 기독교를 타락하고 문란하고 겉과 속이 다른 사람들의 종교집단으로 생각하고 있다. 정말 그런가? 부인할 수도 없고 부인하지 않을 수도 없다. 세상 사람들과 별로 구별되지 않는, 살아 있지만 죽어 있는 자들이 많은 까닭이다. 그들은 실상 회심하지 않은 사람들이다.

하나님을 향한 간절함이 있는가

어느 교회의 저녁 예배에 설교를 부탁받아 갔다. 굉장히 큰 교회라 많은 분들이 모이셨다. 앞자리에 장로님들과 안수집사님들이 앉아 계셨고, 그 뒤로 권사님, 집사님들이 가지런히 앉아 계셨다. 한편으로는 잘 정돈된 느낌이었지만, 다른 한편으로 각본대로 정렬되어 있는 모습으로도 보였다. 설교를 하는데 갑자기 이런 질문을 하고 싶어졌다.

"여러분들은 이 예배에 무슨 마음으로 나오셨습니까?"

생뚱맞은 나의 질문에 당황스러워하는 성도들의 모습이 눈에 들어왔다.

"교회의 직분자이기 때문에 오셨습니까? 혹시 책임감이나 의무감 때문에 오셨습니까? 아니면 체면 때문에 오셨습니까?"

굳이 이런 질문까지 하지 않아도 되는데, 처음 방문한 교회지만 왠지 모두 마네킹처럼 앉아 있는 것 같아서 질문을 안 할 수가 없었다.

물론 책임감이든 의무감이든 그 이유가 뭐든 예배의 자리를 채우는 것만도 감지덕지해야 하는 것이 사실이다. 어떻게 해서든 교회의 자리가 다 찬다면 기쁜 일이라고 생각한다. 그것이 나쁘다는 이야기가 아니다. 그러나 그날 나는 하나님이 좀 슬프시겠다는 생각을 했다.

이렇게 많은 사람들이 교회에서 예배를 드리는데 그 동기가 하나님에 대한 갈망과 사랑이 아니라 직분자로서의 교회에 대한 의무감과 책임감뿐이라면 어떻게 되는가? 그들은 이 예배를 통해 예배의 주인이신 하나님을 만나지 못할 것이고 오직 자신이 지고 있는 의무감과 책임감을 완수했다는 자기만족으로 끝나버릴 것이다.

그날 저녁에 나는 준비한 설교를 하지 않고 예배를 향한 간절함에 대해서 나누었다. 하나님에 대한 간절함이 있는지, 그 간절함으로 예배에 나오는지, 그리고 예배에서 그 하나님을 만나고 있는지….

그리고 모두가 하나님에 대한 갈망과 예배의 회복에 대해서 기도

했다. 예배를 드리는 우리 모두의 마음의 동기가 의무감이나 책임감이 아닌 하나님의 영광을 사모하는 마음이 되기를, 그런 마음으로 예배에 참석할 수 있기를 기도했다.

나는 회심이 바로 이런 힘을 준다고 믿는다. 알다가도 모를 게 마음이고 하루에도 쉴 새 없이 바뀌는 게 마음이다. 도대체 종잡을 수 없는 이 마음을 어떻게 새롭게 해야 하는가? 여전히 나는 이 고민을 하고 있다.

'나의 마음은 어디에 가 있는가? 마음이 새롭게 되어야 회심이 일어날 텐데….'

마음이 새롭게 되지 않고 회심을 했다면 거짓말이다. 이런 사람들에게서 나오는 것이 무엇을 하는 '척'이다.

그러므로 너희는 마음에 할례를 행하고 다시는 목을 곧게 하지 말라
신 10:16

할례는 하나님의 백성이라는 구별된 표징으로, 하나님이 아브라함에게 명하신 신앙적 의식이다. 할례에는 믿음과 순종이 동반되어야 하며 아픔이 따라온다. 주님은 그 할례를 마음에 하라고 하신다.

이 말씀이 주어진 때는 모세의 때다. 이스라엘 백성이 가나안에 들어가기 전의 상황이다. 하나님의 백성은 곧 가나안에 들어갈 거였다. 하나님은 이스라엘이 가나안에 들어가면 이방인들의 풍습과 습

관을 따르며 하나님을 떠나 우상을 섬기게 될 것을 우려하셨다. 그래서 신명기 10장을 통해 하나님을 어떻게 섬겨야 할지를 거듭 당부하고 계신다. 그 중간에 마음에 할례를 받으라고 말씀하셨다.

이유는 눈으로 보고 귀로 들은 것들이 생각으로 들어와 마음으로 내려오고, 거기서 행동을 결정하게 되기 때문이다. 눈을 뜨고 있으니 장님이 아닌 이상 봐야 한다. 귀가 열려 있으니 내가 원하지 않는 소리도 들린다. 열린 눈과 귀를 통해 수많은 이방 풍습과 음란한 유혹들이 들어온다. 우리가 마음의 제어 장치를 켜지 않으면 필터 없는 정수기처럼 눈과 귀로 들어온 쓰레기들이 마음속에 모이고, 마음은 병들기 시작한다. 그래서 이렇게 명하신 것이다.

그런데 언제부터인가 할례의 참 의미는 잊혀지고, 그저 구색을 맞추는 한 나라의 의식이 되었다. 할례만 행하면 자동적으로 아브라함의 후손이요 하나님의 언약 백성이 된다는 명분만 남은 것이다. 삶의 태도의 변화도 없고 성장도 없고 하나님을 향한 섬김도 없이 말이다. 그리고 그렇게 할례를 행하듯이 회개나 회심도 보여지는 의례로만 생각하고 쉽게 넘어가게 된다. 그러나 진정한 할례는 믿음과 함께 고통을 가져온다.

진정한 변화를 주시는 분

진정한 회개를 거쳐 회심의 자리에 서지 못하면 마음은 변하지 않는다. 마음의 변화는 진정한 회개와 회심에서 나오기 때문이다.

또 하나님의 집 다스리는 큰 제사장이 계시매 우리가 마음에 뿌림을 받아 악한 양심으로부터 벗어나고 몸을 맑은 물로 씻음을 받았으니 참 마음과 온전한 믿음으로 하나님께 나아가자 히 10:21,22

예수 그리스도는 우리의 마음을 변화시킬 수 있는 분이다. 내 힘으로는 절대 할 수 없는 내 마음의 변화는 여기에서 시작된다. 곧 우리의 마음에 뿌림을 받아야 양심의 악을 깨닫고 몸을 맑은 물로 씻게 된다. 우리 마음에 뿌림을 주신 것은 거룩한 주님의 십자가 보혈이다. 그 보혈이 우리의 딱딱한 마음에 뿌려질 때 그 능력이 우리를 깨닫게 하고 깨끗하게 변화시킨다.

이 과정에서 한 가지 중요한 것이 있다.

이 뜻을 따라 예수 그리스도의 몸을 단번에 드리심으로 말미암아 우리가 거룩함을 얻었노라 제사장마다 매일 서서 섬기며 자주 같은 제사를 드리되 이 제사는 언제나 죄를 없게 하지 못하거니와 오직 그리스도는 죄를 위하여 한 영원한 제사를 드리시고 하나님 우편에 앉으사 히 10:10-12

예수님이 우리의 죄를 위해 단번에 드려지심으로 우리가 거룩함을 얻었다는 고백이 있어야 한다. 이것이 고귀한 예수님의 피로 말미암은 내 삶의 새로운 증거이기 때문이다. 마음을 찢는 회개는 예수님의 십자가를 만나는 것이고, 그 십자가를 알 때 내 안에 회심의 결단이 일어나기 시작하며, 그분의 보혈이 나를 깨끗하게 한다.

> 염소와 황소의 피와 및 암송아지의 재를 부정한 자에게 뿌려 그 육체를 정결하게 하여 거룩하게 하거든 하물며 영원하신 성령으로 말미암아 흠 없는 자기를 하나님께 드린 그리스도의 피가 어찌 너희 양심을 죽은 행실에서 깨끗하게 하고 살아 계신 하나님을 섬기게 하지 못하겠느냐 히 9:13,14

이 말씀을 읽을 때마다 내 마음은 녹아내린다. 구약 시대에는 짐승의 피로 드린 제사를 통해서도 죄가 정결케 되었는데, 하물며 영원하신 성령으로 말미암아 흠 없는 자기를 하나님께 드린 그리스도의 피가 우리를 깨끗하게 하지 못하겠는가.

흠 없고 정결하게 하나님께 단번에 자신을 드린 그리스도, 그분은 자신을 하나도 아낌없이 하나님께 드렸다. 하나도 아까워하지 않으셨고, 하나도 남기지 않으셨다. 우리의 죽은 행실에서 우리를 깨끗하게 하시기 위함이다. 이미 죽어서 냄새가 나는 우리를 위해 주님이 다 흘리신 것이다.

예수님의 십자가는 그저 하나의 사건이 아니다. 우리를 살리기 위해 그분이 죽으셨기에 우리는 살아 있어야 한다. 살아 있지만 죽어 있는 사람으로 살 수 없다. 예수님의 십자가 죽음을, 그분의 보혈을 가볍게 여겨서도 안 되고 그 은혜를 쉽게 생각해서도 안 된다. 그 보혈로 우리 마음에 뿌림을 받아 깨끗하게 되고, 그 보혈의 능력으로 죽은 행실에서 살아나 하나님을 섬겨야 하는 것이 우리의 책임이고 우리에게 주어진 자리이다.

8

믿음의 증거,
성품의 변화

*

회개와 회심의 단계를 지나면 이제 변화의 단계가 온다. 로마서 12장 말씀대로라면 변화는 순간적으로 오는 것이 아니다. 회개는 하나님의 은혜로 한순간에 찾아오기도 한다. 그러나 회심과 변화의 단계는 엘리베이터를 타고 순식간에 고층으로 올라가듯, 그렇게 찾아오지 않는다. 바울도 다메섹 도상에서 예수님을 만난 순간 변화를 경험하지는 않았다. 후에 아라비아에서 삼 년이란 시간을 보냈다.

예수님을 영접하고 그분을 믿는다는 증거는 '변화'다. 우리가 변화되지 않고 예수님을 믿고 있다면 그것은 거짓이다. 다른 어떤 것으로도 예수님을 믿고 있다고 증명할 수 없다. 우리를 증명하는 것은 내가 변화되었고, 계속 변화되어 가고 있느냐 하는 것이다. 우리 삶의 변화는 한 번에 이뤄지는 것이 아니고 매일, 매달, 매년 점차적으로 발전해가는 것이다. 아주 작아서 눈에 잘 보이지 않는다 해도 변화는 계속 있어야 한다.

그 변화의 중심에는 예수님이 계신다. 우리가 예수님께 더 가까이 가면 갈수록, 그분의 삶에 더 가까이 가면 갈수록, 그분의 말씀을 더 듣고 그분과 더 깊이 관계하고 이해하면 할수록 우리는 예수님을 더 닮아간다. 그러기에 우리의 변화는 지속적인 것이다. 나이를 먹고 세월이 흘러도 여전히 여덟 살처럼 반응한다면 우리의 성장은 여덟 살에서 멈춰 더 이상 변화되지 않을 것이다.

그렇다면 변화란 무엇을 말하는가? 무엇이 변해야 변화되었다고 말할 수 있는가? 사람의 무엇을 보고 변화를 판단할 수 있는가?

이에 대해 우리는 여러 가지로 대답할 수 있다. 그중에 가장 많이 나오는 대답은 아마 '그 사람의 행동이나 태도'일 것이다. 그가 말하는 방법이나 그 사람의 언어도 그에 포함된다.

오랫동안 공동생활을 하며 훈련받고 있는 지체들에게 이런 질문을 했다.

"옆에 있는 지체를 처음 만났을 때와 몇 개월이 지난 지금을 비교한다면 그에게서 어떤 변화를 찾을 수 있는가?"

어떤 한 사람의 변화를 다섯 가지 정도 노트에 적어보라고 했다. 만약 그에게서 어떤 변화가 있었는지를 오래도록 생각해야 한다면 사실 크게 변한 게 없는 거다.

내적 변화의 시작

변화에는 크게 두 가지가 있다고 말하고 싶다. 내적인 변화와 외적인 변화다. 분명 이 두 가지가 동시에 오지는 않을 것이다. 외적인 변화를 주도하는 것이 내적인 변화이기 때문이다. 내적인 변화가 선행되어야 외적인 변화가 따라온다. 내적인 변화 없이 외적인 변화만을 추구하는 것은 예수님의 말씀처럼 회칠한 무덤같이 보이는 것에만 치중하는 사람들을 말한다.

사람에게 가장 변화하기 어려운 부분이 성품이다. 성품은 타고난 기질로 만들어지기도 하고, 인생을 살아가는 환경에 의해 스스로 배워가는 것이기도 하다. 많은 사람들이 자기 고유의 기질과 성품을 가지고 세상을 살아간다. 그런데 예수님은 우리의 진정한 변화가 바로 이 성품에서부터 시작된다고 말씀하신다.

예수님은 자신을 소개하시며 "나는 마음이 온유하고 겸손하니"라고 말씀하셨다(마 11:29). 자신을 소개할 때 스스로 자신이 온유하고 겸손하다고 말하는 사람은 거의 없을 것이다. 자신의 직업이나 직위 등을 말하는 게 통상적이다. 그러나 예수님은 자신이 세상을 구원할 메시아이고 하나님의 아들이며 선지자라고 소개하지 않으셨다. 다른 사람이 보면 웃을 일이지만 예수님은 그저 자신을 온유하고 겸손한 분이라고 말씀하셨다.

그렇다. 예수님은 이 땅에서 최고의 성품을 가지신 완전한 분이시다. 만일 예수님이 기적을 행하시면서 폭군처럼 자기만 생각하는 성품을 지니셨더라면 그 예수님은 더 이상 예수님이 아닐 것이다.

기적과 역사를 베푸는 것 이전에 예수님은 하나님의 성품을 가지신 분이다. 사람들은 예수님 안에서 이 성품을 발견한다. 예수님은 기적을 베푸는 것으로 자신의 명성을 높이는 종교적, 정치적 인물이 아니셨다. 예수님이 일으키신 기적보다 더 가치 있는 것은 그분이 지니신 성품이다. 그분이 제자들에게 가르치셨고 알게 하고 싶으셨던 것도 바로 그 성품이셨다.

이로써 그 보배롭고 지극히 큰 약속을 우리에게 주사 이 약속으로 말미암아 너희가 정욕 때문에 세상에서 썩어질 것을 피하여 신성한 성품에 참여하는 자가 되게 하려 하셨느니라 그러므로 너희가 더욱 힘써 너희 믿음에 덕을, 덕에 지식을, 지식에 절제를, 절제에 인내를, 인내에 경건을, 경건에 형제 우애를, 형제 우애에 사랑을 더하라 이런 것이 너희에게 있어 흡족한 즉 너희로 우리 주 예수 그리스도를 알기에 게으르지 않고 열매 없는 자가 되지 않게 하려니와 벧후 1:4-8

베드로는 다른 제자들보다 급하고 물불 안 가리는 다혈질의 성격으로 유명했다. 그 조급함으로 나중에는 예수님을 세 번이나 부인하기도 했다. 그는 어부였다. 어부들은 거친 바다에서 일을 한다. 배라는 한정된 공간에서 오랜 시간 생명을 걸고 사투하는 일이 많기에 늘 긴장과 피곤함, 스트레스에 시달리는 직업이다.

베드로가 예수님의 제자로 사는 동안에도 그 성품은 그대로 드러났다. 베드로는 생각하기보다 먼저 행동했다. 그로 인해 많은 문제를 야기시키기도 했다. 예수님은 베드로의 성품이 준비되어 있지 않다는 것을 잘 알고 계셨고, 늘 예수님의 기대와는 다른 행동으로 주위를 시끄럽게 한다는 것도 알고 계셨다. 하지만 예수님은 베드로를 늘 옆에 두셨다.

그런 베드로가 이제 "믿음에 덕을, 덕에 지식을, 지식에 절제를, 절제에 인내를, 인내에 경건을, 경건에 형제 우애를, 형제 우애에 사랑을 더하라"(벧후 1:5-7)라고 권면한다. 급한 성격에 사고뭉치였던 베드로가 변했다. 도대체 베드로에게 무슨 일이 벌어진 것일까?

'덕'은 영어성경(NIV)에 'goodness'로 표현되어 있다. 이것은 선행과 착함 그리고 친절을 뜻한다. 믿음과 함께 있어야 할 이 착한 성품에 대한 베드로의 고백은 언뜻 그와 어울리지 않는 것 같다. 우락부락하게 생겼을 것 같은 베드로가 선한 행동을 하는 모습이라니, 머릿속에 잘 그려지지 않는다.

그런 베드로가 한걸음 더 나아가 덕에 지식을, 지식에 절제와 인내를 더하라고 말한다. 절제는 참는 것이고, 인내는 기다리는 것이다. 베드로의 삶에 절제가 있었을까? 베드로처럼 참지 못한 제자가 또 있었을까? 그처럼 사고 먼저 치고 나중에 수습하던 스타일의 제자도 없었다. 그의 사전에 절제란 말이 있었을까 싶다. 게다가 인내는 절제보다 더 긴 노력을 필요로 하는데 그는 무언가를 기다릴 줄 아는 사람은 더더욱 아니었단 사실을 우리가 안다(요 13:37). 그는 거기에 경건과 형제 우애, 사랑을 더하라고 말한다.

이 모든 것은 신의 성품, 즉 예수님의 성품을 말하고 있다. 베드로에게 가장 큰 변화는 그가 예수님의 성품을 닮아가고 있다는 것이다. 베드로는 예수님이 십자가에 달리시고 떠나신 후에야 예수님의 수많은 가르침에 담긴 의미를 알게 되었다.

베드로는 이에 '흡족하다'라는 표현을 썼다. 그는 자신의 삶의 변화, 즉 성품의 변화를 겪고서야 삶의 만족함을 경험한 것이다. 성품의 변화가 주는 평강이 얼마나 큰지 알게 되었고, 그 변화에서 비로소 예수님을 경험하고 느끼고 만나게 된다는 사실을 깨달았다. 다시 말하면 예수님을 알아가면 알아갈수록 그의 성품이 더욱 귀하게 변하고 아름다워진다는 것을 말한다.

성품이 준비되지 못한 사람이 사역을 하는 건 마치 어린아이에게 칼을 쥐여주는 것과 같다. 칼을 어떻게 쓰는 것인지, 그것이 얼마나 위험한지 모르는 어린아이들은 아무 생각 없이 칼을 휘두를 수 있다. 그러면 그 칼에 남도 상하지만 자신도 상하게 된다. 어쩌면 이 부분의 문제로 인해 지금 한국교회가 여러 가지 어려움을 겪게 되었는지 모른다.

주님의 성품은 스스로 노력한다고 생기는 것이 절대 아니다. 신학교에서 배우는 것도 아니고 교회를 오래 다녔다고 갖게 되는 것도 아니다. 신의 성품에 참여하는 것은 오로지 한 가지 방법밖에 없다.

그것은 그 성품을 가지신 예수님을 만나는 것이다. 온유한 예수님을 만나야 진정한 온유가 뭔지 알게 되고, 겸손한 예수님을 만나야 진정한 겸손이 무엇인지 알게 된다. 인내의 예수님, 절제의 예수님, 충성의 예수님, 양선과 희락과 화평과 사랑의 예수님을 만나야 한다. 성품의 주인공이신 그분을 만나야 그 안에서 성품을 발견할 수 있다.

머리로 아는 것도 아니고 책에 기록된 것도 아니다. 수험생처럼 달달 외운다고 내 안에 그 성품이 생기는 것도 아니다. 예수님을 만나고 그분을 알아가는 순간 내게 다가오는 것이 그분의 성품이다. 그렇기에 우리는 끊임없이 우리의 처절한 삶 속에서 예수님을 만나가야 한다.

오랜 시간 어부로 잔뼈가 굵어 전혀 변할 것 같지 않던 베드로에게 엄청난 일이 벌어졌다. 누구도 상상할 수 없던 그의 변화는 성품에서부터 시작되었다. 예수님은 베드로가 복음을 위해서 살기를 바라셨지만 그를 위해서는 먼저 변화가 필요함을 알고 계셨다. 바로 온전한 성품의 소유자가 되는 것이다.

베드로는 자기가 잘나고 다른 제자들보다 더 특별한 것이 있어서 예수님이 옆에 두신 것이라 생각했겠지만 예수님의 생각은 달랐다. 예수님은 베드로가 베드로후서의 이 말씀을 쓰기까지 오랜 시간 동안 기다리셨다. 베드로는 예수님 옆에서 그분의 인내와 절제, 덕과 형제 우애, 그리고 사랑을 만났다. 베드로의 성품에 변화를 준 건 예수님이시다. 그의 변화는 예수님의 성품을 만났기 때문에 가능했다.

그렇다고 베드로가 완전한 성품의 소유자인 것은 아니다. 예수님 외에는 누구도 완전한 성품의 소유자가 될 수 없다. 인간은 연약하여 늘 넘어지고 실수하게 되기 때문이다.

성품은 평생 배워가는 것이다. 신의 성품에 깊이 들어갈 수 있도록 죽을 때까지 주님을 알아가고 만나가야 한다. 주님과의 관계가 끊어지면 성품은 더 이상 발전하지 않는다. 인간의 깊은 욕심과 탐욕과 정욕과 시기와 질투, 미움과 다툼의 유혹이 시시각각으로 생기고 끊임없이 겉모습만 추구하게 될 것이다.

어떤 사람이 성숙한 사람인가? 주님의 성품으로 준비된 사람이다. 성숙의 척도는 주님과 얼마나 가까이 있느냐에 달려 있다.

예수님의 성품, 겸손

베드로가 만난 예수님은 어떤 분이셨을까? 한적한 호숫가에서 늘 하던 대로 고기를 잡던 베드로는 어느 날 예수님이 자기 배에 앉아 말씀하시는 것을 들었다. 그분은 사람들에게 선지자라, 메시아라 불리는 분이셨다. 세관에 앉아 일을 하던 마태를 부르시고 그 집에 들어가신 것처럼 베드로의 배에 예수님이 직접 찾아가셔서 그 자리에 앉으셨다.

높은 사람들은 자기를 찾아와주기를 바라지, 먼저 찾아가는 법이 별로 없다. 그러나 예수님은 베드로에게 먼저 가서서 그의 배에 오르셨다. 베드로는 예수님의 겸손을 여기서 처음 만난다.

예수님의 말씀을 들은 베드로는 그 말씀에 놀라지 않을 수 없었다. 전에도 후에도 이런 하늘나라의 말씀은 들어본 적이 없다. 사람들이 흥분하고 좋아하고 기뻐한다. 많은 사람들이 예수님을 만나려고 줄을 선다. 예수님의 명성은 순식간에 퍼져가고 사람들은 멀리서부터 예수님을 찾아왔다.

베드로 입장에서는 있을 수 없는 일이 일어났다. 자기는 그저 평범한 어부일 뿐인데, 그런 자신을 예수님이 직접 찾아오신 것이다.

먼저 찾아가고, 먼저 손을 내밀고, 먼저 말을 건네고, 먼저 고개를 숙이는 것은 겸손이 없다면 좀처럼 할 수 없는 일들이다. 아무런 사심 없이 나보다 지위가 높든 낮든 나이가 많든 적든 먼저 찾아가고 먼저 손을 내미는 것은 상대방을 위한 겸손의 배려이고 존중이다. 예수님은 이렇게 베드로를 먼저 찾아가셨다.

너희가 나를 택한 것이 아니요 내가 너희를 택하여 세웠나니 이는 너희로 가서 열매를 맺게 하고 또 너희 열매가 항상 있게 하여 내 이름으로 아버지께 무엇을 구하든지 다 받게 하려 함이니라 요 15:16

예수님은 지금도 먼저 찾아가신다. 우리 중에는 좋은 기독교교육을 통해서 예수님을 믿게 된 사람들도 있지만 베드로나 마태, 또 다른 제자들처럼 예수님이 직접 찾아오신 경우도 많다. 그렇다. 나는 아무것도 한 것이 없다.

'절망'이라는 단어는 내 입에서 가장 많이 나오던 말이다. '절망'의 반대말은 '희망'인데 이 단어는 내 머릿속에 없었다. 한동안 그랬다. 처절하게 살아야 했던 어린 시절과 방황의 연속이던 청소년 때가 그 랬다. 청년이 되어서는 왜 살아야 하는지 모른 채 그저 하루하루 의미 없이 살던 시절이 있었다. 사니까 먹고, 먹으니까 숨을 쉬는 것 외에는 아무것도 할 게 없던 때를 생각하면 '절망'이 얼마나 인생을 처절하게 만드는지 알 수 있다.

지금도 기억나는 사건이 있다. 축구를 했던 나는 지방의 작은 대학 창단팀에 들어가며 대학에 입학했다. 별로 미래가 보이지 않는 학교였고, 그 학교로 온 선수들도 역시나 보잘것없어 보였다. 하지만 이미 많은 실패를 겪은 터라 더 이상 이런 환경이 이상하지도 않았다.

하루는 동료들과 대학가 주점에서 술을 얼마나 많이 마셨는지 인사불성이 되어 몸을 주체하지 못하는 나를 동료들이 부축해서 숙소로 데리고 왔다. 다음날, 나를 숙소로 데려온 동료들이 전날 있었던 일을 얘기해주는데, 내가 부축을 받아 숙소로 돌아오다가 갑자기 지나는 길에 있던 교회 정문 앞에서 무릎을 꿇고 서럽게 울더란다. 난 물론 하나도 기억이 나지 않았다.

그 얘기를 들으면서 우습기도 하고 내가 왜 그랬을까 싶기도 했다. 당시 내 의식에는 '희망'이라는 단어가 없었기에 그랬을 수도 있다는 생각이 들었다. 늘 '절망'이라는 그늘이 나를 두르고 있었다. 어디로 가야 할지, 무엇을 해야 할지, 누구를 따라야 할지 알 수가 없고, 이 지저분한 세상에서 나에게 관심을 가지고 이끌어주는 사람도 없었다. 지금껏 그렇게 살아온 것처럼 앞으로도 그렇게 살아야 한다고 생각하니 내일이 별로 반갑지 않았다.

중요한 것은 그런 내게 주님이 직접 찾아와주셨다는 것이다. 내가 찾기 전에 그분이 먼저 나에게 오셨다. 그저 그게 인생인 것처럼 아무 의미 없이 하루하루를 살던 나를 찾아와주신 주님을 만난 것이 내 인생의 변화의 시작이었다.

베드로를 부르신 예수님

"너희가 나를 택한 것이 아니요 내가 너희를 택하여 세웠나니."

예수님의 말씀을 함께 들은 수많은 사람들이 있는데, 그들 중에는 내로라하는 학벌과 가문과 직업을 가진 똑똑하고 능력 있는 사람들도 많을 텐데, 예수님은 한낱 어부인 자신을 부르셨다. 예수님이 찾아오신 것만도 감지덕지한데 자신을 부르시며 따라오라고 하신다. 이것이 베드로가 만난 예수님의 두 번째 겸손이다.

겸손한 사람은 절대로 사람을 외모로 판단하거나 지지하지 않는다. 겸손한 사람은 그 사람의 중심을 본다. 그 마음과 속사람이 어떤지 볼 수 있는 눈이 있다. 예수님도 그런 분이셨다. 베드로의 직업이나 학력, 가문이나 배경을 보지 않으셨다. 평범하고 세상에 드러나지 않는 사람들 속에서 자신의 사람을 볼 수 있는 눈이 있으셨다.

베드로에게는 감격스러운 일이었다. 어쩌면 예수님의 부름을 믿지 못했을 수도 있다. 아마 베드로에게 이런 생각이 들었을 수도 있다.

'내가 어떤 사람인 줄 아시면 금방 실망하실 텐데…, 내가 무능력한 걸 아시면 나를 다시 보내실 텐데…, 나를 부르신 걸 곧 후회하시면 어떡하지….'

하지만 예수님은 베드로의 생각을 바꾸셨다. 예수님은 베드로를 놓지 않으셨다. 베드로가 예수님의 의도대로, 원하는 대로 살아주지 못해도 그를 부르신 것을 후회하거나 실수했다고 생각하지 않으셨다. 그가 예수님을 부인하고 도망갈 것을 아셨음에도 책망하지 않으셨다.

겸손한 사람은 사람을 기다릴 줄 안다. 지금의 실수와 연약함과 무능력함을 보면서 또한 그 속의 가능성도 함께 볼 수 있다. 그 사람의 현재도 보지만 미래도 볼 줄 아는 사람이 겸손한 사람이다. 가난하고 소외되고 약한 사람들을 자신과 같이 여길 줄 아는 사람이다. 얼굴색이나 학벌이나 배경으로 사람을 차별하지 않으며 무시하거나 적대하지 않는다.

나는 한국을 잘 아는 인도 친구에게 이런 말을 들었다. 한국에 방문하려는 인도 사람이 이 친구에게 한국에 대한 정보를 물을 때면 그는 항상 이 말을 빼먹지 않는다고 한다.

"한국에 가서는 동네 구멍가게를 가더라도 슬리퍼에 추리닝 입고 가지 말고 양복에 구두 신고 가라."

한국에서 서양 사람이 아닌 인도 사람으로 살려면 정장은 필수라는 것이다. 외국인 근로자처럼 허술하게 입고 다니면 사람들이 무시하고 경멸하기 때문이다. 나는 웃지 못할 이 친구의 말을 씁쓸하게 인정할 수밖에 없었다.

한국에 있을 때 외국인들이 모여서 예배를 드리는 교회에 말씀을 전하러 간 적이 있다. 외국인 근로자들이 예배를 드릴 수 있도록 도와주는 것이 얼마나 감사한 일인지 모른다. 그런데 한 가지 아쉬움이 있었다. 교회에 도착해서 마중 나오신 목사님과 예배당으로 가는 중에 예배를 마친 후 서성거리는 외국인 근로자들을 보았는데, 지나가는 교인 중 어떤 분이 농담처럼 이렇게 말하는 소리를 들었다.

"저 초콜릿들은 갈 곳이 없나 봐."

초콜릿이라니, 그들의 얼굴색을 빗대어 하는 말이다. 그 교회의 집사님 내지는 장로님일 거 같았다. 지나가는 길에 들었지만 내 귀에는 확성기 소리처럼 들렸다.

도대체 그들에게 외국인 근로자들은 무슨 의미일까? 왜 이 사회는 여전히 신분과 태생으로 차별하고 무시하고 함부로 대하는 걸까? 여전히 겸손이 없는 세상이기 때문이다.

나는 교회에서 직분을 줄 때 무엇을 보고 주었는지 의문이 들었다. 혹시 재력이나 경력, 나이와 같은 것으로 직분자를 뽑는 것은 아닐까? 우리에게는 누가 진정으로 주님과 교회를 섬길 수 있는 자인지 볼 수 있는 눈이 필요하다. 하나님께 다뤄진 성품을 소유한 사람들이 많으면 많을수록 세상은 달라진다.

난 운동을 했고 지금도 운동을 가르친다. 내가 선수들에게 가장 먼저 주문하는 것은 성품이다. 좋은 성품이 준비되지 않으면 아무리 좋은 기술을 가지고 있다 하더라도 팀에 좋은 결과를 주지 못하기 때문이다. 그렇기에 실력은 조금 약하더라도 팀을 위해 희생할 수 있는 성품을 가진 선수들을 먼저 선택한다. 결국엔 그 선수들이 자기 몫 이상을 하는 것을 본다.

아버지가 필요한 세대

베드로에게 잊지 못할 또 하나의 사건은 세족식이었을 거다. 제자들과 함께 식사를 하시던 예수님은 갑자기 일어나 허리에 수건을 두르시더니 물을 가져다가 제자들의 발을 씻기기 시작하셨다. 가장 먼저 이 일을 판단하고 제지한 사람은 역시 베드로다. 자기의 발을 씻기는 연유를 물은 베드로는 절대로 자기의 발을 씻기실 수 없다고 만류했다.

다른 제자들보다 베드로의 반응은 더욱 강렬했다. 당시 유대 문화는 지금의 중동 문화와 같이 집에 손님이 오면 손을 씻겨주는 것이 전통이었다. 그러나 다른 사람의 발을 씻기는 건 흔한 일이 아니었다. 손은 성스러운 의미가 있다면 발은 신체의 더러운 일부분이기 때문이다.

그러니 다른 사람도 아닌 예수님이 직접 제자들의 발을 씻기는 것은 있을 수 없는 일이었기에 베드로와 제자들은 충격을 받았을 것이다. 누구의 발을 씻긴다는 것은 겸손한 성품이 없으면 절대로 불가능한 일이다.

베드로는 자기의 발을 씻기시는 예수님의 손길을 느꼈을 것이다. 그 손길을 통해 요한복음 13장 1절의 말씀처럼 "세상에 있는 자기 사람들을 사랑하시되 끝까지 사랑하시니라"라는 예수님의 속 깊은 사랑이 전달되었을 것이다.

베드로는 일생을 거친 어부로 살았기에 마음에서부터 우러나는 사랑과 돌봄을 잘 몰랐을 것이다. 다른 사람도 아닌 예수님이 직접 자기 앞에서 무릎을 꿇고 자기의 더러운 발을 만지실 때 베드로는 그의 인생에서 처음 느껴보는 사랑을 경험했을지도 모른다.

딱딱하게 굳은 자신의 발, 누구에게도 보여주고 싶지 않을 만큼 못생긴 발일 수도 있다. 냄새가 지독하고 울퉁불퉁하게 생긴 발을 예수님이 손수 만지시고 씻기신다. 겸손한 사람이 진정한 사랑을 할 수 있다. 아니, 사랑이 겸손을 만든다.

사람들은 대우를 받고 싶어 한다. 지위가 높을수록 그렇다. 경험이 풍부한 사람들이 그렇다. 뭔가 남들보다 많이 알고 있다고 생각하는 사람들이 그렇다. 다 남들이 자기의 발을 씻겨주길 원하지 먼저 낮은 자리에서 남의 발을 씻기고 싶어 하지 않는다.

이 시대는 흔히 지도력이 부재한 시대라고 말하곤 한다. 이는 지도자가 없다는 말이 아니라 진정한 지도력을 가진 사람들이 많지 않다는 말이다.

그리스도 안에서 일만 스승은 있으되 아버지는 많지 아니하니 고전 4:15

그리스도 안에서 스승, 즉 일반적인 지도자는 많이 있어도 아버지와 같은 지도자는 많지 않다는 말씀이다. 우리에겐 좋은 교사들이 많다. 성경을 잘 풀어 성도들의 의문을 해결해주기도 하고, 명쾌한 말씀으로 답답하고 무거운 마음을 시원하게도 한다. 좋은 강사와 교사들이 많은 건 사실이다.

그러나 사람들은 여전히 아버지가 필요한 세대에 살고 있다. 좋은 말보다는 따뜻한 말, 명쾌한 설교나 성경 해석보다는 기다려주고 품어주는 게 더 필요한 시대인지도 모르겠다.

스승은 제자를 위해서 죽을 수 없다. 그러나 아버지는 자녀를 위해서 죽을 수 있다. 지도자는 명분과 실의를 먼저 따지지만 아버지는 자녀, 즉 사람을 먼저 생각한다. 자녀에 대한 아버지의 마음과 사랑을 누가 흉내 낼 수 있겠는가? 사람을 먼저 생각하는 지도자, 그런 아버지와 같은 지도자가 많으면 좋겠다.

권력을 가지면 힘을 갖게 된다. 세상은 힘의 논리에 의해 움직이다 보니 강한 자와 약한 자, 있는 자와 없는 자, 높은 자와 낮은 자로 분리되고 결국 사회적 소외 계층이 생긴다. 겸손은 이런 것과 상관없이 아버지의 마음을 갖는 것이다.

스스로 높은 자리에서 내려와 낮은 사람들과 동등해질 수 있다면 그들이 바로 발을 씻기는 스승들이다. 지금은 겸손한 아버지의 마음을 가진 스승이 필요한 때이다.

베드로는 예수님의 수제자였다. 늘 예수님 곁에서 보필하면서 의기양양했다. 이런 베드로에게 위기가 찾아왔다. 예수님의 예언대로 그렇게 충성스러웠던 예수님의 수제자가 가장 위급하고 어려울 때 한 번도 아니고 세 번이나 예수님을 모른다고 부인했다. 다른 제자도 아닌 베드로가 예수님을 부인하고 도망간다는 것은 상상도 할 수 없는 일이었다. 그렇게 자신만만했던 베드로가 한순간에 무너져 버린다.

예수님과 같이 죽겠다던 베드로가 죽음을 앞둔 예수님을 헌신짝처럼 팽개치고 줄행랑을 친다. 그렇다. 이것이 우리의 모습이다. 사람마다 자기의 필요가 있다. 그 필요가 채워질 때는 우리가 가진 모든 것을 다 줄 것같이 하다가도 위기가 오면 언제 그랬냐는 듯이 뒤도 돌아보지 않고 우리의 길을 간다. 언제든지 달면 삼키고 쓰면 뱉어버리는 것이 우리 인간들이다.

예수님 앞에서 세 번이나 예수님을 모른다고 부인한 그의 마음은 어땠을까? 누구도 만나고 싶지 않았을 것이다. 혼자 동굴 속에 들어가 속앓이를 하거나 대인기피증이 생겼을 수도 있다. 자신이 예수님을 모른다고 큰 소리로 떠들던 그 자리에는 예수님도 계셨다. 그분도 베드로의 목소리를 들으셨다.

베드로는 다시 고기를 잡으러 갔다. 그것이 베드로가 할 수 있는 최선이었다. 다시 예수님께로 갈 용기도 없고, 예수님이 잡히셨으니 자기도 곧 잡힐 수 있다는 두려움도 있었을 것이다. 이전까지는 늘 예수님이 원하시는 대로 따라다니며 시키는 일만 하면 되었는데 이제 베드로 곁에는 아무도 없다.

갑자기 혼자가 된 베드로는 자기가 제일 잘하는 일을 찾아갔다. 다시 옛날로 돌아갔다. 그때 그 시절처럼 아무 소망 없이 다시 그물을 바다에 던지는 일을 하기 시작했다. 낙심과 포기와 절망과 함께 자신에 대한 부끄러움과 초라함, 그리고 자기를 기억하고 사랑해주신 예수님을 배신했다는 죄책감까지 가지게 되었다.

예수님을 버리고 동굴 속으로 들어간 베드로를 다시 찾아가신 분은 바로 예수님이셨다. 예수님을 알아본 제자들이 소리를 지르자 베드로는 제일 먼저 바다로 뛰어들어 예수께로 달려온다.

베드로는 그 바닷가에서 자기 인생에서 두 번째로 예수님을 만난다. 예수님과의 두 번째 만남은 첫 번째와는 완전히 달랐을 것이다. 더 이상 베드로는 예수님의 수제자로서 용기 있고 담대하고 불의를 못 참던 모습, 믿음 있는 목소리로 죽음까지도 불사하겠다는 충성스런 모습이 아니었다. 두렵고 무섭고 용기 없는, 가장 제자답지 않고 연약한 모습으로 예수님을 다시 만난 것이다. 그러나 이것이 베드로의 진짜 모습이었다.

지금까지 잘 가려왔던 자신의 진짜 모습을 자신도 보고 예수님도 보셨다. 아니, 예수님은 베드로가 잘난 척하며 자기만 진짜 예수님의 제자인 것처럼 행동하고 나설 때도 이미 베드로의 모든 것을 알고 계셨다. 그런 베드로를 예수님이 다시 찾아오셨다. 처음 베드로를 찾아와 부르셨던 것처럼 자신을 배신하고 도망간 그 제자를 기다리지 않고 스스로 찾아오셨다. 배에서 뛰어내려 예수님께 달려간 베드로는 어떤 마음이었을까?

'뭐라고 변명을 해야 하지? 어떻게 그 당시의 일을 설명해야 하나?'

잠깐이지만 그의 머릿속에는 수많은 생각이 오고 갔을 것이다. 반갑고 기쁜 마음과 미안하고 죄송한 마음이 함께 어우러져 육지를 향해 달렸을 것이다.

제자들을 기다리시며 숯불과 떡과 생선을 준비하신 예수님은 그것들을 제자들에게 주시며 아무 말씀도 하지 않으셨다. 무슨 말이든 해야 하는데, 베드로도 아무 말도 생각나지 않았다. 예수님은 아무 일도 없었다는 듯이, 그냥 그 자리에 여전히 계셨던 분처럼 그날도 거기에 계셨다.

자신을 버리고 도망간 것을 원망하지 않으셨고, 십자가에서 얼마나 고통스러웠는지 푸념하지도 않으셨다. 지난 며칠간의 급박한 시간을 보내고 그 일에 대해 뭔가 말을 꺼낼 만도 하신데, 예수님은 잠잠하셨다. 그저 예수님은 여전히 제자들 사이에 계셨고, 그들의 배를 채워주시고자 생선과 떡을 준비하셨을 뿐이다. 그리고 베드로가 뭔가를 말하기 전에 예수님이 먼저 물으셨다.

"네가 나를 사랑하느냐?"

베드로가 세 번 예수님을 모른다고 부인한 것처럼 예수님은 세 번 동일한 질문을 하셨다. 변명도 하기 전에 베드로는 예수님의 질문에 답한다. 베드로는 어렵게 대답을 했고, 예수님은 "내 양을 먹이라"라고 말씀하신다.

베드로는 또 한 번 자신을 향한 예수님의 겸손을 만난다. 동굴 속에서 죄책감과 부끄러움으로 평생을 살지도 몰랐을 베드로는 다시 생명을 얻는다. 이제는 그냥 베드로가 아니라 사도 베드로가 된 것이다.

베드로는 그렇게 겸손이 무엇인지 배웠다.

내가 주와 또는 선생이 되어 너희 발을 씻었으니 너희도 서로 발을 씻어주는 것이 옳으니라 내가 너희에게 행한 것같이 너희도 행하게 하려하여 본을 보였노라 내가 진실로 진실로 너희에게 이르노니 종이 주인보다 크지 못하고 보냄을 받은 자가 보낸 자보다 크지 못하나니 너희가 이것을 알고 행하면 복이 있으리라 요 13:14-17

겸손하신 예수님은 그 겸손을 우리에게 알려주고 보여주신다. 그 겸손한 예수님을 만난 사람에게서 꾸미지 않은 진정한 겸손이 나타난다.

예수님의 성품, 온유

나는 마음이 온유하고 겸손하니 마 11:29

온유함이 무엇이기에 예수님은 그 많은 성품 중에서 겸손과 함께 온유함을 말씀하셨을까? 겸손과 온유함은 함께 가는 것 같다. 내가 온유함에 대해 잘 몰랐을 때는 부드럽고 마음 착한 옆집 아저씨 같은 인품이 온유함이 아닌가 생각했다. 그래서 한동안은 그런 이미지를 마음에 품고 온유한 성품을 갖게 해달라고 기도하기도 했다. 거칠고 생각나는 대로 행동하는 나는 늘 사고뭉치처럼 문제만 일으켰기에 내게 가장 필요한 성품은 무엇보다 온유함이라고 생각했다.

예수님은 수많은 사람들의 질투와 시기의 대상이셨다. 예수님을 따르고 좋아하는 사람들도 많았지만 그만큼이나 예수님은 사람들에게 미움과 핍박의 대상이었다. 예수님 주위에 좋은 사람들만 있지 않았다는 것이다. 예수님의 일거수일투족을 감시하며 호시탐탐 정죗거리를 찾아내려는 사람들은 항상 있었고, 예수님은 가는 곳마다 이런 사람들에 대한 준비를 하셔야 했다. 언제나 사람들과 불필요한 논쟁을 해야 했고, 자신을 잡아 가두려는 사람들과 잘못을 찾아내서 재판에 붙이려는 사람들을 피할 수 없었다.

온유함은 이런 상황에서 필요한 성품이다. 평화롭고 안전하고 아무 문제가 없는 평범한 상황에서는 온유한 성품이 잘 드러나지 않는다. 전쟁터 같은 치열한 싸움이 있는 곳과 언제, 어떤 사람이 나를 잡아 옥에 가둘지 알 수 없는 두렵고 떨리는 상황에서 온유한 성품은 빛을 발한다.

나의 어떠함과 상관없이 나는 부당한 상황에 놓인다. 사람들은 나의 약점을 잡으려 하고, 시비와 논쟁이 끊이지 않는다. 나를 경쟁 상대로 생각하고 누르려는 많은 시도들 속에서 하루도 편할 날이 없다. 이런 상황에 살고 있다면 하루하루가 정말 힘들고 지치고 괴로울 것이다.

사람들이 어떤 반응을 할 때 그 반응을 결정하는 요인은 대부분 외부에서 오는 충격이나 메시지이다. 즉 다른 사람의 자극에 따라 내가 반응한다는 것이다. 외부의 자극과 내 반응이 만나는 순간은 아주 미묘하다. 무엇에 의해서 나의 반응이 결정되는지 그 순간에 정해진다.

여기에 온유의 비밀이 들어 있다. 온유한 사람은 그 순간을 지배한다. 그래서 나의 반응을 외부에서 오는 메시지나 자극이 아니라 내 안에 있는 온유함으로 결정하는 것이다.

사람들은 세상을 사는 여러 방법을 배워 왔다. 그렇게 배운 수많은 원칙과 방법대로 반응한다. 그 방법대로라면 남이 나를 한 대 때리면 나는 다시 한 대를 돌려줘야 한다. 요즘에는 한 대를 맞으면 두 대를 돌려줘야 마음이 시원해진다. 우리를 둘러싸고 있는 수많은 문젯거리들, 나는 이 모든 것에 어떻게 반응하는가?

여러 사건과 사고, 문제와 어려움을 겪으며 사는 우리는 여전히 뭔가를 준비하고 결정하며 사람들과 관계한다. 모든 게 원하는 대로 잘 되면 좋겠지만 그렇지 않은 경우가 생기기 마련이다. 그때 우리는 어떻게 반응하는가?

온유한 성품을 가지면 그 반응을 조절할 수 있는 능력이 생긴다. 온유한 성품은 외부로부터의 충격을 흡수한다. 나를 불편하게 하는 문제들과 사람들 사이에서 정수기의 필터가 나쁜 물질을 거르고 좋은 물만을 보내주는 것처럼 외부의 충격을 그대로 받아쳐내는 것이 아니라 그것을 걸러주는 역할을 한다.

그 반응의 중심에는 하나님의 말씀이 있다. 내 반응의 중심에는 내 자존심이나 내 지위나 내 경험이나 지식이 아니라, 말씀이 있어야 한다. 말씀으로 내 삶을 반응하게 하는 것이 바로 온유함이다.

예수님은 광야에서 마귀의 시험을 받으셨을 때 자신의 생각이나 지식이나 자존심으로 반응하지 않으셨다. 예수님을 비웃고 조롱하면서 시험하는 마귀에게 화를 내시거나 싸우시거나 불평하지 않으시고 조롱하지 않으셨다. 예수님은 말씀으로 반응하셨다. 마귀는 예수님이 자기와 똑같이 하기를 원했을 것이다. 예수님은 시험 속에 숨겨진 그 시험에 넘어가지 않으셨다. 힘이 없어서 싸우지 않는 것이 아니고, 변론할 말이 없어서 논쟁을 하지 않으신 것이 아니다. 예수님은 논쟁이나 변론이 필요할 때와 그렇지 않을 때를 아셨다. 외부의 반응이 원하는 대로 반응하지 않으신 것은 그 중심을 항상 하나님께 두셨기 때문이다. 그분의 말씀이 내 삶을 조정하는 힘이 된다.

구약에서 온유한 사람으로는 모세가 유명하다. 성경은 모세의 온유함이 지면의 모든 사람보다 더했다고 말한다(민 12:3). 모세의 온유함이 어떠했기에 이렇게 표현한 것일까?

나는 모세가 '무릎의 지도자'라고 생각한다. 그는 '엎드림의 지도자'이다. 온유한 사람은 자신은 없고 자신 속에 살아 계시는 하나님만 있는 사람이다. 온유함이란 힘없고 나약한 것이 아니다. 물에 물탄 듯 술에 술 탄 듯, 좋은 게 좋은 거라고 결정해버리는 것이 아니다. 결단을 못해서 늘 다른 사람의 말을 따르는 우유부단함도 아니다. 다른 사람의 부탁을 거절하지 못해서 늘 착하다는 말을 듣는 것도 아니고, 남들이 하자는 대로 따라가는 사람은 더더욱 아니다.

이스라엘 백성을 애굽에서 인도해 낸 때부터 가나안을 목전에 두고 하나님의 부르심을 받은 그 순간까지 모세를 이스라엘 최고의 지도자답게 만든 것은 온유함이다. 모세가 소유한 온유함은 그 스스로 하나님 앞에 엎드릴 수 있는 사람으로 만들었다.

모세를 질투하고 시기하여 반역을 도모한 고라 자손의 악행과 시도 때도 없이 볼멘소리를 입에 달고 사는 백성들의 원성 속에서 무거운 짐을 지고 어려운 길을 갔던 모세다. 모세는 그곳에서 하나님의 성품을 배웠다. 그것은 그들의 모든 반응을 그대로 되갚아주는 것이 아니라 하나님 앞에 엎드리는 것이었다(민 16:4).

뿐만 아니라 모세는 하나님의 진노의 마음을 돌이키기 위해 자신을 하나님과 백성 사이에 던져넣는다. 모세가 처음부터 이런 온유한 성품을 가진 사람은 아니었다. 그는 하나님의 부르심에 우유부단하게 반응했다. 바로와 애굽 사람들을 두려워하며 하나님을 신뢰하지 못했다. 또한 물을 내기 위해서 바위를 치며 혈기를 내기도 했고 하나님 앞에 불평을 하기도 했다.

그런 모세가 자신이 책임져야 할 백성들과 그 백성에 대한 하나님의 마음을 알아가기 시작했다. 그리고 하나님이 소유하신 그 온유함을 배웠다. 이 백성을 이끄는 건 모세 자신이 아님을 인정한 것이었다. 하나님이 이 백성의 주인이시며, 결국 가나안까지 가게 하실 분은 하나님이시다. 자신은 그저 도구일 뿐, 그 이상도 그 이하도 아니었다. 자신이 해결할 수 있는 일이 아무것도 없음을 알고 그 자리에 그저 엎드릴 뿐이었다.

온유한 사람은 먼저 하나님과 관계하고, 그 후에 사람과 관계한다. 온유한 사람은 먼저 하나님과 관계하고, 그 후에 자기를 둘러싼 문제를 본다. 하나님과의 관계를 제일 먼저 생각하는 사람, 그 속에서 하나님의 말씀대로만 반응하는 사람이 온유한 사람이다. 온유함은 하나님이 세우신 지도자가 가장 먼저 배워야 하고 변화되어야 할 성품이다.

그런데 이 땅의 영적인 지도자들은 하나님 앞에 엎드리는 시간을 얼마나 가지고 있는가? 이 엎드림은 시간을 정해놓고 일정한 기도를 드리는 것만을 말하는 것이 아니다. 온유한 엎드림은 삶의 전반에서 나타난다. 부엌에서 찌개를 끓이면서도 주님 앞에 엎드릴 수 있다. 직장에서 업무를 보면서도 주님 앞에 엎드릴 수 있다. 동료들과 회식을 하면서도 엎드릴 수 있다.

아주 오래전의 일이다. 1988년 서울 올림픽 때 나는 한 선교단체에서 주관하는 올림픽 전도팀에 합류해서 운동장을 다니며 전도했다. 그때 전도팀이 함께 입었던 티셔츠에 이렇게 적혀 있었다.

"예수, 우리 왕이여"

노란색에 검은 글씨로 크게 쓰여 있어서 멀리서도 잘 보였다. 올림픽 전도가 끝난 후에도 나는 한동안 이 티셔츠를 입고 다녔다. 운동을 하기 위해 팀에 합류해서 합숙을 할 때도 동료들이 보는 앞에서 이 티셔츠를 입고 다녔고, 거리에도 은행에도 슈퍼마켓에도 입고 다녔다.

내가 예수를 믿는 사람이라는 걸 표현하고 싶어서가 아니었다.

'예수님이 우리 왕'이라는 사실을 세상에 말하고 싶었다. 축구팀 동료들은 핀잔을 주기도 하고 비꼬기도 했다. 같이 거리를 걸으면 창피하다고 대놓고 말한 적도 있었다. 그러나 그런 것에 개의치 않았다.

덕분에 나는 내 삶의 모든 부분에서 더욱 경건함을 보여야 했다. 예수님이 우리 왕이라고 말하고 다니면서 내가 엉망으로 살 수는 없었기 때문이다. 그때 나는 세상에서 왕이신 예수님 앞에 엎드리는 법을 배우기 시작했다.

교회에서 엎드리는 건 누구나 할 수 있다. 시간을 정해놓고 엎드리는 것도 마음만 먹으면 할 수 있다. 그것도 중요하다. 그런데 나를 깨뜨리려 하는 세상에서 예수님을 왕으로 모시고 그 앞에 엎드릴 수 있는 것, 그것이 온유함이다.

예수님의 성품. 절제
성경은 절제에 대해서 길게 설명하고 있다.

운동장에서 달음질하는 자들이 다 달릴지라도 오직 상을 받는 사람은 한 사람인 줄을 너희가 알지 못하느냐 너희도 상을 받도록 이와 같이 달음질하라 이기기를 다투는 자마다 모든 일에 절제하나니 그들은 썩을 승리자의 관을 얻고자 하되 우리는 썩지 아니할 것을 얻고자 하노라 그러므로 나는 달음질하기를 향방 없는 것같이 아니하고 싸우기를 허공을 치는 것같이 아니하며 내가 내 몸을 쳐 복종하게 함은 내가 남에게 전파한 후에 자신이 도리어 버림을 당할까 두려워함이로다

고전 9:24-27

절제를 다른 말로 표현하면 '권리 포기'라고 할 수 있다. 바울은 고린도전서 9장 전체에 걸쳐서 자신이 가진 권리를 복음을 위해서 어떻게 포기해야 하는지, 그것이 복음을 전하고 사람들을 얻는데 얼마나 귀하고 중요한 것인지를 말하고 있다.

바울은 자신을 '운동장에서 달음질하는 자'로 비유한다. 운동장에서 경주를 하는 사람들은 모두 상을 얻기 위해서 달린다. 복음을 위해 사는 사람들도 이렇게 열심히 달려야 한다. 바울은 경기를 하는 사람이 얼마나 이기고 싶어 하는지 선수들의 마음을 백분 이해하는 것 같다.

여기서 바울이 말하는 '경기'는 동네에서 아이들끼리 재미 삼아 하는 것이나 친목을 다지기 위해서 하는 그런 경기가 아니다. 바울은 프로 선수들이나 대표 선수들이 자기 인생과 자존심을 걸고, 혹은 나라의 명예를 걸고 절대 질 수 없는 경기를 펼치는 것을 말한다. 모두가 출발선에 서기까지 충분한 훈련과 연습과 준비를 했을 것이고, 다들 우승을 하고 싶다는 꿈을 꾸고 있을 것이다. 하지만 막상 경기가 시작되면 그 모든 선수들 중에서 우승을 하는 사람은 딱 한 사람이다.

복음을 전하는 것은 바로 이런 것이다. 경기를 하는 사람들이 이겨도 그만, 져도 그만이라는 생각을 하는 순간 절대 이길 수 없다. 마찬가지로 복음을 전하는 사람들 또한 이기기를 다투는 사람들이라고 말한다. 그런데 이기기를 다투는 사람은 '절제'한다.

세상의 경기가 아니라 복음을 위한 경기를 하는 사람들은 썩지 않을 면류관을 얻고자 한다. 썩을 면류관과 썩지 않을 면류관. 세상 경기에서 얻게 되는 면류관은 그저 세상 사는 동안에나 인정받을 뿐 언젠가는 없어지고 만다. 세상의 면류관은 모두 꽃이 지는 것처럼 시들어버린다. 그러나 복음을 위해 달리는 자들에게는 하늘의 아버지, 우리 하나님이 주시는 썩지 않을 면류관이 있다. 바울은 이 면류관, 즉 달려갈 길을 다 간 후에 받게 될 영원한 상급을 위해 달린다고 고백한다.

그 길은 향방 없는 것이 아니고, 허공을 치는 것 같은 싸움도 아니다. 그는 자신이 가는 길을 정확히 알고 있다. 자신이 싸우는 대상이 누구인지, 어디에 있는지, 어떤 것인지 정확하게 알고 있다. 그래서 바울은 그의 인생을 허비하지 않는다. 그는 자신이 가진 모든 것을 다 쏟아 지금 하고 있는 경주에서 상을 얻고자 한다. 썩지 않을 면류관을 얻기 위한 이 경주에서 한 가지 필요한 것이 있는데, 그것이 바로 절제다.

나는 이기기를 원하는 선수들에게 절제가 꼭 필요한 이유를 잘 안다. 절제는 '참는 것'이라는 한마디로 설명할 수도 있겠지만, 무엇이든 무작정 참는 것만을 말하는 것은 아니다. 경기를 하는 선수들은 최고의 경기를 하기 위해서 많은 훈련과 준비를 한다. 훈련이 많을수록 좋은 경기력을 보일 수 있고, 경기 전에 전략과 전술을 잘 준비해야 상대를 압도할 수 있다.

그와 더불어 선수가 좋은 경기력을 보이기 위해 멀리해야 할 원칙들도 있다. 정신력을 약하게 한다든지, 체력을 방전시킨다든지, 경기에 집중하지 못하게 하는 요인들은 피해야 한다. 그런 의미에서 술과 담배는 선수들에게 최대의 독이다. 청소년 때부터 술 담배를 배워 끊지 못한 상태에서 운동을 한다면 절대 오래할 수도, 좋은 선수가 될 수도 없다. 술은 이성을 잃게 하고 담배는 정신과 육체의 체력을 약하게 하기 때문이다.

아침부터 저녁까지 정해진 일정대로 움직여야 하는 공동생활 또한 쉽지 않을 것이다. 훈련을 할 때는 숨이 턱 밑까지 차오른다. 그 훈련을 소화하기 위해서는 정해진 시간에, 정해진 일을 해야만 한다.

절제는 이런 것이다. 내가 원하는 대로, 기분 내키는 대로, 필요한 대로 자기의 권리를 주장하며 행한다면 절대로 경기를 잘 해낼 수 없다. 경기에서 이기기 위해서는 나의 편안함과 유익과 필요와 권리를 포기해야 한다. 오직 내가 갈 길과 싸워야 할 싸움을 위해서 참고 포기하는 것, 그것이 절제다.

바울은 복음의 경주를 하는 선수였다. 그래서 일반적으로 누구라도 가질 수 있는 권리, 즉 먹을 권리와 마실 권리와 아내를 데리고 다닐 권리와 포도를 심을 권리와 양을 키워 젖을 먹을 권리, 밭을 가는 자로 소망을 가지고 살 권리 등을 포기했다. 이런 삶에 필요한 권리에 대해서 바울은 이렇게 이야기한다.

다른 이들도 너희에게 이런 권리를 가졌거든 하물며 우리일까보냐 그러나 우리가 이 권리를 쓰지 아니하고 범사에 참는 것은 그리스도의 복음에 아무 장애가 없게 하려 함이로라 고전 9:12

그가 당연한 권리를 누리지 않고 참는 것은 복음에 장애가 없게 하기 위함이었다. 즉 복음이 전해지는 데 걸림이 된다면 바울은 자신에게 주어진 기본적이고 일반적인 권리들조차 다 포기했다. 자기가 당연히 누릴 수 있는 권리보다 더 중요한 것은 예수 그리스도의 생명의 복음이 전해지는 것이기 때문이다.

성품의 변화가 쉬운 일은 아니다. 그러나 어려운 일도 아니다. 성품은 나 스스로가 아닌 주님께로부터 전달되는 것이기 때문이다.

9

순종의
발걸음

*

　내가 지금 있는 곳은 내 인생의 세 번째 선교지이다. 나는 기간을
정해놓고 선교지를 옮기거나 어느 곳으로 가겠다고 결정하고 움직
이진 않았다. 하나님이 나를 최전방 모슬렘 선교사로 부르신 그 부
르심을 받고난 후에는 그 말씀에 순종하는 것이 나의 일이다. 선교
지가 어디든, 그곳에 무엇이 있든 그것이 하나님이 나를 보내시는 데
장애가 되지 않는다.

　말씀에 순종하여 사는 사람들에게 필요한 것이 몇 가지가 있다.
우선 언제든지 순종하여 움직일 수 있는 가벼운 몸이다. 가벼운 몸이
란 살을 빼야 한다는 것이 아니다. 가진 것이 많아 몸이 무거운 사람
은 말씀에 순종하여 즉시, 순발력 있게 움직이는 것이 불가능하다.
빠르게 순종하여 움직이기 위해서는 가진 것이 없어야 한다.

광야에서 살 때 이스라엘 백성들은 항상 이동할 준비를 해야 했다. 불기둥과 구름 기둥의 움직임이 포착되면 빠른 시간 안에 텐트와 생활용품을 정리해야 했다. 그래서 가장 간편하고 간단한 살림살이로 살아갔다.

만약 이스라엘이 광야에서 자기의 물품을 쌓아놓고 살았다면 하나님의 말씀에 반응해서 움직이는 데 많은 불편을 겪었을 것이다. 구름이 이동하는 순간, 그들의 짐을 챙기는 데 시간을 허비했을 것이다. 어떤 걸 버려야 할지, 어떤 걸 가지고 가야 할지 고민했을 것이다.

예수님은 전도를 보내는 제자들에게 두 벌 옷도 가지지 말라고 하셨다. 그들이 믿음으로 순종하여 가는 길은 어디로 가는지, 어떻게 가는지 모르고 가는 길이다.

아주 오래전의 일이다. 나는 아프리카에서 열리는 한 선교대회에 참가했다. 그 대회는 일 년에 한 번씩 아프리카에서 사역하고 있는 선교사들이 모여 2박3일간 강의를 듣고 회의를 하는 시간이었다. 그중 '선교사 재배치'에 대해 의견을 나누는 시간에 '시니어 선교사들이 개척 지역으로 가야 하는가'에 대한 주제가 다뤄진 적이 있었다.

주제 발표자는 아프리카에서 십 년 이상 사역하신 분이었다. 아프리카의 많은 지역에 아직도 복음이 들어가지 못하고 있는데, 이런 곳은 거의 개척 지역이니 초년생 선교사보다는 이미 선교지에서 오랜 경험을 쌓은 시니어 선교사들이 들어가 개척하는 것이 효과적이고 필요하다는 내용이었다.

발표가 끝나자 여기저기에서 반대 의견이 쏟아졌다. 이유는 여러 가지였다. 지금 하고 있는 사역이 완전히 정착되지 않았기에 움직이는 것이 불가능하다는 의견도 있었고, 이미 오래전부터 고생하며 사역의 터를 만들었는데 어떻게 다시 개척을 하느냐는 의견도 있었다.

그곳에 모인 사람들의 절반 이상이 반대 의견을 내면서 언성이 높아졌고, 결국 주제 발표를 한 선교사는 이야기를 끝맺지 못하고 강단에서 내려와야 했다.

우리가 만든 사역의 터는 우리가 고생해서 닦은 것이 맞지만, 그 주인은 사람이 아니라 하나님이시다. 어쩌면 우리는 지금 우리를 인도하는 구름 기둥이 움직이고 있는데도 여전히 광야에 머물러 있고 싶어 하는 것은 아닌지 모르겠다. 이유는 하나다. 내가 만들었고 내가 이룬 터를 포기할 수 없기 때문이다.

교회나 신학교, 사역의 베이스와 그밖에 우리가 머물고 사역하고 있는 터는 많은 경우 우리의 자랑이 되고 사역의 안정감이 된다. 내가 이룬 업적이라고 할 수도 있다. 그런 터를 떠나서 다시 빈손이 된다는 것은 결코 쉬운 일이 아니다. 그렇기에 가진 것이 많으면 그만큼 몸이 무거워진다. 권리를 포기하는 것이 어려워진다.

우리는 너무 많이 가졌다. 그래서 포기하기 힘들다. 몸이 비대해지니 순종하여 순발력 있게 움직이는 것이 더욱 힘들어진다. "여기가 좋사오니…" 하며 그곳에 초막을 짓고 영원히 살겠다고 한다.

그러나 복음을 향한 열정은 몸을 가볍게 만든다. 우리는 어디로 부르시든, 어떻게 부르시든 그분의 부르심에 즉각적으로 반응하고 따라야 하는 자들이다. 우리는 그 여정을 위해 부름 받았다. 바울은 이것을 경주라고 표현했다. 그 경주를 달리기 위해서는 자기의 권리를 포기해야 한다.

순종에는 포기가 따른다

아프간에서 사는 동안 나는 수없이 이동해야 했다. 내가 가진 물건은 노트북 하나와 옷 몇 벌이 전부였다. 결혼을 해서도 가전제품이나 가구는 거의 없었다. 음식이 자꾸 상해서 구입한 냉장고와 아내가 아프기 시작하면서 구입한 작은 세탁기가 있었지만, 그마저도 얼마 써보지 못하고 다른 사역자들에게 넘겨주었다. 아내와 떨어져 지내게 되었기 때문이다. 나는 다시 가방 하나 달랑 들고 여기저기 떠돌아다니게 되었다.

그러다 세 번째 사역지로 올 때는 아내와 두 아이를 데리고 왔었다. 지금은 사정상 잠시 다시 떨어지게 되었지만 당시 이곳에 아이를 데리고 온 한국인 가족은 우리뿐이었다. 그만큼 아이들이 살기에는 좋지 않은 환경이다. 교육 시설이 제대로 갖추어지지 않아서 학교라도 보내려면 다른 나라로 보내야 한다. 상수도가 없어서 비가 올 때 양동이를 지붕 밑에 두고는 빗물을 받아 써야 한다. 전기도 잘 들어오지 않아 발전기를 이용해 하루에 몇 시간만 전기를 쓸 수 있다. 일

년 내내 고온다습하다. 내전의 불안감이 늘 도사리고 있고, 물가는 하늘을 찌른다. 말라리아나 장티푸스 같은 풍토병은 계속 기회를 엿보며 언제라도 달려들 기세다.

내가 이곳에서 가족과 함께 지내고자 했을 때 나는 가족의 안전과 평안함, 그리고 자녀에 대한 여러 부분을 포기해야 했다. 자녀들을 한국이나 다른 좋은 곳에서 교육시킬 수 있는 권리를 포기하지 않으면 이곳에 올 수 없다. 음식이 완전히 다르고, 그나마 원하는 것도 충분히 구할 수가 없으니 아이들의 영양도 걱정이다. 아이가 병이 나도 급하게 달려갈 응급실이 없다.

아이들은 선교사가 아니다. 부모가 선교사라는 것 때문에 덩달아 많은 것을 포기해야 한다는 게 마음 아프지만, 하나님이 허락하신 가족이니 다른 방법이 없다. 우리뿐 아니라 지구상의 수많은 선교사 자녀들이 이런 고생을 하고 있다. 한참 뛰어놀아야 할 아이들이 집 안에만 있어야 하는 상황도 있고, 우리처럼 교육 시설이 없어서 부모가 최고의 선생이 되어야 하는 경우도 많다. 그런 자녀들을 보며 얼마나 많은 선교사들이 눈물로 밤을 지새우는지 모른다. 그래서 그런 이들과 만날 때는 같은 마음으로 서로를 위로하게 된다.

선교사라고 자녀들의 미래를 왜 생각하지 않겠는가? 좋은 교육과 안전한 환경과 좋은 도시에서 살게 하고 싶은 생각이 왜 없겠는가? 하지만 그것들을 다 따진다면 이 땅에 복음 때문에 하나님의 부르심에 순종할 사람은 아무도 없게 될 것이다.

이곳에 있을 때 아내는 부엌에 들어가면 늘 어두운 표정으로 나왔다. 밤새 쥐가 온 부엌을 여행한다. 바퀴벌레는 구멍마다 자기 집을 짓고, 모기는 말로 할 수 없이 많다. 아무리 깨끗하게 청소를 해도 부엌의 위생은 변하지 않는다.

나는 하나님나라에 헌신한 많은 독신 선교사들을 만났다. 원해서든 원하지 않았든 결혼을 하지 않고 주의 나라를 위해 결혼이라는 권리를 포기하고 사는 분들이 많이 있다. 가정을 이루고 아이를 양육하며 사는 그 평범한 권리를 누리지 못하고 있는 것이다. 얼마나 힘들고 외롭게 순종하며 사는지 모른다. 그들이라고 왜 가정을 이루고 싶지 않겠는가, 왜 자녀들의 재롱을 보고 싶지 않겠는가? 모두가 가는 길을 갈 수 없는, 권리를 포기한 삶은 처절한 아픔이기도 하다. 나는 포기가 순종을 낳는다는 의미를 이곳에서 배운다.

포기가 없으면 순종도 없다. 순종이 없으면 하나님의 뜻을 위해 살 수 없다. 절제는 복음을 위해 나의 권리를 포기하게 한다. 절제는 인내를 동반한다. 인내는 기다리는 것이다. 그렇다고 무작정 막연하게 기다린다는 의미는 아니다.

이제 인내와 위로의 하나님이 너희로 그리스도 예수를 본받아 서로 뜻이 같게 하여 주사 롬 15:5

바울은 로마서를 통해 하나님이 우리에게 원하시는 것이 무엇인지 알려준다. 그것은 우리가 예수님을 본받는 것이다. 예수님의 성품과 말씀과 행동, 그분의 생각과 뜻이 우리를 통해 나타나고 드러나길 바라신다. 예수님을 본받는 것, 연약함과 죄성에 물들어 있는 인간에게 그것이 가능할까? 한 사람이 회개하고 회심하고 변화되어 예수님을 본받아 살기 위해서는 참 많은 과정을 거치게 된다. 사람마다 그 시간이 얼마나 걸릴지 아무도 장담할 수 없다. 세상에 인간처럼 변화되기 어려운 것이 또 있을까?

그렇기에 우리가 예수님을 본받기 위해서 가져야 할 성품이 바로 인내다. 인내는 소망을 가진 사람들이 가질 수 있다. 소망이 없다면 인내도 없다.

하나님의 언약, 인간의 계약

하나님의 인내를 이해하려면 하나님의 언약의 의미를 알아야 한다. 인내는 하나님이 인간들과 세우신 언약을 기반으로 나타난다. 하나님은 세상을 창조하시고 인간을 만드신 후에 그분의 계획을 말씀하신다.

그들로 바다의 물고기와 하늘의 새와 가축과 온 땅과 땅에 기는 모든 것을 다스리게 하자 하시고 … 하나님이 그들에게 복을 주시며 하나님이 그들에게 이르시되 생육하고 번성하여 땅에 충만하라, 땅을 정복

하라, 바다의 물고기와 하늘의 새와 땅에 움직이는 모든 생물을 다스리라 하시니라 창 1:26,28

인간으로 하여금 온 땅을 다스리게 하자는 것이 성삼위 하나님의 결정이셨다. 이것은 이 땅을 위한 하나님의 주권적 섭리이기도 하다.

그러나 창조 이후 인간은 하나님을 버리고 죄와 함께 살아가며 이 땅을 향한 하나님의 섭리를 떠나고 만다. 하나님을 헌신짝처럼 버리고 우상을 섬기며 타락의 길로 향했다. 하나님의 창조 계획과 인간의 반응은 너무 달랐다. 인간을 창조하시고 "보기에 좋았더라" 하신 하나님의 마음은 변하지 않지만, 인간은 죄로 인해 계속 변해간다.

결국 노아의 때에 물로 세상을 심판하신 하나님은 무지개를 상징으로 보여주시며 노아와 언약을 맺으신다(창 9:11-13). 이 언약은 9장에만 7회에 걸쳐 나온다. 하나님이 노아와 맺은 언약을 계속 강조하고 계신 것이다. 언약을 세우시고, 언약을 증거하시고, 언약을 기억하시고, 반복하고 또 반복하신다.

지금도 성경을 아는 사람들이라면 무지개를 보면서 하나님이 노아와 맺으신 언약을 기억할 것이다. 무지개는 그냥 아름다운 일곱 색깔을 가진 형체가 아니다. 무지개는 하나님의 언약의 증거다. 하나님은 그 증거를 지금까지도 우리에게 보여주신다. 그 언약을 인간이 기억하기를 원하시기 때문이다.

이후에 하나님은 아브라함을 부르셨다. 하나님은 그분을 예배하고 그 이름을 부르는 민족, 이스라엘을 준비하신다. 한 사람이나 공동체가 아닌 한 민족을 탄생시키셨다. 하나님은 아브라함에게 복을 주시고, 아브라함으로 말미암아 모든 민족이 복을 받을 것이라고 말씀하셨다. 이스라엘은 하나님의 절대적 은혜를 받았다.

이스라엘의 태동을 위해서 하나님은 아브라함과 언약을 맺으신다. 그리고 창세기 17장 2-21절까지 이 언약을 13회나 강조하신다. 언약에 관련된 모든 내용은 노아와 그의 자손들에게 주신 언약과 같은 의미로 전달된다.

하나님은 아브라함을 통해서 어떤 민족을 이루고, 어떤 꿈을 이루고 싶은지를 반복해서 말씀하신다. 하나님이 이 언약을 반복하시는 이유는 언약이 지금 당장 이루어지는 것이 아니기 때문이다. 언약은 미래를 위해 필요한 서로 간의 약속이다.

우리는 성경에서 또 다른 언약을 찾아볼 수 있다.

세계가 다 내게 속하였나니 너희가 내 말을 잘 듣고 내 언약을 지키면 너희는 모든 민족 중에서 내 소유가 되겠고 너희가 내게 대하여 제사장 나라가 되며 거룩한 백성이 되리라 너는 이 말을 이스라엘 자손에게 전할지니라 출 19:5,6

아브라함과 이삭과 야곱을 통해 당신의 언약을 거듭 강조하신 하나님은 이제 개인이 아니라 민족, 즉 하나님이 태동시킨 이스라엘과 언약을 맺으신다. 그들이 모든 민족 중에서 하나님의 소유가 되고 제사장 나라요 거룩한 백성이 될 것이라는 이 언약은 모든 민족에 대한 하나님의 꿈을 담고 있다.

그렇다면 언약이 무엇인가? 하나님의 언약이 무엇이기에 그 오랜 세월 동안 이토록 간곡하게 죄 많은 인간과의 언약을 말씀하시는가? 세월이 흐르며 인간은 죽고 또 태어나 세대는 변하지만 하나님의 언약은 변하지 않는다. 만일 우리가 하나님의 언약을 이해한다면 그분의 인내를 알 수 있게 될 것이다.

내가 친구와 어떤 일에 대해 약속을 했다고 하자. 그러면 나와 친구는 언약 관계를 맺은 것이다. 약속이란 서로가 그 일을 반드시 지키기 위해 하는 것이다. 그럼에도 우리는 너무 쉽게 약속하고, 너무 쉽게 잊어버린다.

이것을 하나님이 우리와 맺은 언약의 의미에서 생각해보자. 친구와의 약속은 꼭 지켜져야 하지만, 매번 내가 그 약속을 어긴다고 하자. 내가 성실하지 못해서일 수도 있고, 잘 잊어버려서 그랬을 수도 있고, 다른 일에 밀려 친구와의 약속을 우선순위에 두지 못해서일 수도 있다. 어떤 때는 약속을 이용해 친구를 골탕 먹이려 할 수도 있다. 친구와의 약속을 너무 쉽게 생각할 수도 있다.

이런 경우 내가 친구와의 약속을 계속 지키지 못한다면 나와 친구의 언약 관계는 어떻게 될까? 계속해서 약속을 지키지 못하는 나 때문에 친구의 마음은 많이 어려울 것이다. 그렇지만 한 사람이 지키지 못한다고 해서 언약 관계가 깨지지는 않는다. 다른 한 사람이라도 계속 그 관계를 유지하고 있다면 언약이라는 힘이 둘의 관계를 계속 묶어주기 때문이다. 한 사람이라도 언약을 포기하지 않고 그 자리를 지키고 있다면 약속을 깬 사람이 그 언약의 자리로 돌아올 수 있다. 그것이 언약이 가진 힘이고 비밀이다.

언약과 비슷하지만 다른 종류의 약속이 있다. 그것은 계약이다. 어떤 사람과 약속을 하고 그에 대한 계약서를 작성했다고 하자. 이것도 서로 어떤 약속을 하고 지키기 위한 언약의 종류이기도 하다. 그러나 우리는 이것을 언약 관계가 아닌 계약 관계라고 한다. 이 관계에서는 계약서를 작성한 당사자들 중에 한 사람이라도 약속을 지키지 않는다면 계약 관계는 바로 깨지게 된다. 게다가 계약 관계는 법적인 효력이 있어서, 그로 인한 손해를 배상해야 한다.

우리가 살고 있는 세상의 관계는 대부분 계약 관계이다. 그러나 하나님은 우리와 계약하지 않으셨다. 탁자에 앉아 종이를 가져다 계약의 내용을 적고 계약대로 지켜지지 않을 때는 벌금을 물기로 하고 사인을 하신 것이 아니다.

대신 하나님은 언약 관계를 맺으셨다. 언약 관계를 맺으신 이유는 한 가지다. 언약을 맺은 인간이 그 언약을 지키지 못할 것을 아셨기 때문이다. 많은 세월이 흘러도 변하지 않을 하나님의 마음과 달리 인간은 헤아릴 수 없이 변화무쌍한 삶을 살아간다. 끊임없이 하나님을 떠나고 세상의 유혹과 탐욕에 사로잡히고 물질의 노예가 된다. 제사장 나라와 거룩한 백성은 더 이상 그들의 관심이 아니다. 하나님의 약속과 언약 관계 따위는 더 이상 우리의 필요가 아니다. 인간은 매일 넘어지고 실수하고 방황한다. 필요할 때만 하나님을 찾고, 언제든지 목자 없이 스스로의 힘으로 살아가려고 시도한다.

그런 인간의 연약함을 아셨기에 하나님은 언약을 맺으셨다. 그리고 이 언약 관계를 한 번도 떠나지 않으셨다. 포기하시거나 마음을 바꿔 내용을 조정하지도 않으셨다. 이 언약은 처음 말씀하신 때부터 지금까지 한 번도 변경되지 않았다. 그리고 언약 관계를 깨뜨린 우리 인간을 향해서 계속 그 자리에서 기다리고 계심을 말씀하신다.

끝까지 언약을 지키시는 하나님

많은 배신과 거절과 무시를 당하셨지만 하나님은 한 번도 우리와 맺은 언약의 자리를 떠나지 않으시고 그 자리를 지키고 계신다. 그래서 하나님을 떠나 그 언약을 지키지 않았다 하더라도 마음을 돌이키면 다시 그 자리, 즉 하나님과의 언약의 자리에 돌아갈 수 있는 것이다.

그래서 서로 언약을 하는 사람들에게 반드시 필요한 것이 있다. 둘 중에 한 사람에게라도 상대에 대한 믿음과 사랑이 있어야 한다. 그리고 포기하지 않겠다는 마음이 있어야 한다. 상대를 믿지 못하고 사랑하지도 않는다면 그것은 계약이다. 믿지 못하기 때문에 세상의 법을 빌려서 계약을 맺는다.

언약의 비밀에는 우리에게 주시려는 하나님의 축복만 있는 것이 아니다. 이 언약에는 하나님의 사랑이 담겨 있다. 부부를 한번 보자. 이들은 말할 것도 없이 언약 관계이다. 부부는 계약하지 않는다. 만약 계약을 하는 부부가 있다면 부부에게 주시는 하나님의 비밀을 모르고 있는 것이다. 우리는 깨어진 가정을 너무나 많이 접한다. 이제는 이혼이라는 것이 숨기고 살아야 할 부끄러운 사건이 아니다. 많은 부부가 결혼식 때 서로에게 부부로서의 서약과 언약을 하지만 오래가지 않는다.

하나님은 가정을 통해 그분의 나라를 이루신다. 부모의 역할과 자녀의 역할이 잘 이루어지고 그들이 하나로 살아가는 삶을 통해 완전한 교회의 모습을 기대하신다. 그러나 우리는 그 관계를 저버리기 일쑤다. 언약을 잊고 사는 세대다.

한 사람의 잘못으로 언약이 깨지면 다른 한 사람은 많은 아픔과 고통을 겪는다. 그리고 그 아픔과 고통에서 벗어나려고 그 언약의 자리를 포기해버린다. 부부의 경우에는 이 일들이 더 아프고 시리고 고통스럽다는 것을 안다. 그러나 인간을 향해 가지는 하나님의 아픔과 고통과는 비교할 수 없다.

이 세상의 다른 모든 것은 계약 관계가 되지만 인생의 가장 중요한 가정을 이루는 결혼만큼은 하나님이 언약 관계로 허락하셨다. 그 비밀을 우리는 알아야 한다. 예수님과 우리의 관계가 결혼 관계이기 때문이다.

언약을 지키지 못하는 세대는 점점 하나님을 잊고 있다. 금방 포기하는 세대, 금방 잊어버리는 이 세대는 언약 관계를 유지할 힘이 없는 세대이기도 하다.

지난 겨울 한국에서 어느 교회 집회에 갔다. 며칠 동안 이어지는 집회여서 아내와 두 아이와 함께 갔다. 당시 큰 아이는 일곱 살이었고, 작은 아이는 어린이 선교원에 다니고 있었다. 그날은 하나님의 언약에 대한 강의를 마치고 늦게 귀가한 탓에 그 다음날 조금 늦게 일어났다. 그런데 유치원에 다니는 큰 딸아이가 먼저 일어났는지 문 앞에 쭈그리고 앉아 무언가를 열심히 쓰고 있었다. 유치원에 가져갈 숙제를 하고 있나 싶어서 대수롭지 않게 여기고 있는데 아내가 큰 아이가 쓴 것을 가져와 보여주었다. 아이가 조물조물 쓴 종이를 받아 들고 읽는 순간, 나는 내 눈을 의심했다.

언약

포기하지 않는 사랑.
내 품에 있는 사랑이니
넌 이 자리에 다시 올 수 있다.
자녀야,
난 너를 떠나지 않을 거야.

삐뚤삐뚤 써진 아이의 글이 내 마음을 녹이고 나를 울렸다. 아이
가 기특해서가 아니라 병든 어른들의 마음에서는 나올 수 없는 하
나님의 순결하고 깨끗한 고백으로 들렸기 때문이다.

"이 글을 어떻게 쓰게 된 거니?"

딸아이는 전날 아빠의 설교를 듣고 잠들었다가 아침에 일어났는
데 이 말이 떠올라 종이에 적고 싶었다고 답했다. 오랜만에 만난 먼
친척들에게 아이의 글을 선물했더니 그 분들의 눈에서도 눈물이 맺
혔다. 얼마나 많은 사람들이 그 언약의 자리를 떠나 살고 있는가?
이제는 돌아갈 곳도, 의지할 곳도, 사랑할 대상도 없이 살아가는 수
많은 사람들에게 하고 싶은 말이 이것이다.

"내 품에 있는 사랑이니 난 너를 떠나지 않을 거야. 언제든지 내
품에 돌아올 수 있단다. 나의 자녀야."

하나님이 우리에게 주신 언약에는 모든 것이 담겨 있다. 하나님의
뜻과 의지, 생각과 마음, 그리고 우리를 향한 끝없는 기다림이 바로
그것이다.

소망의 기다림

하나님은 인간과 언약을 맺으시면서 한 가지 꼭 필요한 성품을
가르치신다. 그것이 바로 인내이다. 약속을 지키지 않고 떠나가는
인간을 향한 끊임없는 기다림, 그 기다림은 소망을 동반한다. 언약

을 하지만 그 언약이 깨질 것을 이미 알고 계시며, 그럼에도 언젠가는 다시 돌아올 것을 소망하며 기다리는 인내가 바로 하나님의 인내이다. 우리를 향한 영원한 기다림. 하나님은 어제도 오늘도 내일도 우리가 그 품으로 다시 돌아오기를 기다리고 또 기다리신다. 하나님의 그 인내하심 때문에 우리는 다시 그분께로 돌아갈 수 있다.

우리에게도 인내가 필요하다. 앞에서도 언급했지만 한국의 정서에는 '빨리 빨리'가 있다. 이 세대는 빠른 것에 익숙해져 있다. 그러다 보니 배우기 어려운 성품 중 하나가 인내이다.

나 역시 그렇다. 한국 사람이 선교지에서 겪게 되는 어려움 중 하나가 모든 게 너무 느리다는 것이다. 행정 절차도, 약속 이행도, 일의 속도도 한국과는 비교될 수 없을 만큼 느리고 명확하지 않다. 속이 터지고 마음이 답답해진다.

나라마다 다르긴 하겠지만 거의 모든 선교지의 문화는 우리처럼 빠르지 않다. 정확하지도 않다. 이런 곳에서 몇십 년을 살다 보면 그들과 같이 되기도 한다. 그런 곳에서 우리는 끊임없이 기다린다. 언제 될지 모르고, 언제 지켜질지 모르고, 언제 이 땅에서 예배가 드려질지 모르지만, 그 끝없는 시간을 기다리는 것이다.

지금 나는 극단주의 모슬렘 국가의 한 여관방에서 이 글을 쓰고 있다. 사실 나는 어제도, 그제도 인내하지 못했다. 이 척박한 곳에서 움직이는 않는 사람들과 사회를 향해 분을 참지 못하기도 한다. 가야 할 길은 멀게만 느껴지고 내 걸음은 너무 더디다. 달려가도 시원치 않을 내 발을 누군가가 붙잡고 늘어지는 것 같은 상황이다.

하지만 이 방을 나설 때마다 나는 강해져야 한다. 병들어도 안 되고 주춤거려도 안 된다. 여기가 내 땅인 것처럼 당당하고 씩씩해야 한다. 그리고 이 땅에서 일어나는 모든 일들에 대해서 인내해야 한다. 앞으로 가고 있지 않은 것 같지만 가고 있음을 믿어야 한다. 나를 향해 돌을 들고 오는 것 같은 사람들을 향해서도 인내해야 한다. 언젠가 이들이 돌아오게 될 것을 믿기 때문이다.

하나님의 인내가 없다면 이 세상에서 변화를 경험할 수 있는 사람은 아무도 없을 것이다. 하나님은 아주 오래전부터 우리를 향해 '인내'라는 성품을 꺼내셨다. 아주 오랜 시간의 기다림을 결정하신 것이다. 인내에는 수많은 실패와 좌절이 동반된다. 오늘 신앙을 고백했지만 하루도 못 가 다른 길로 향하는 사람들을 봐야 한다. 그렇기에 인내는 소망이 있는 사람들만 가질 수 있다.

하나님에 대한 진정한 순종은 주님의 성품에서 나온다. 주님은 하나님께 순종하셨고, 우리에게서도 그 순종을 원하고 기다리신다. 그분은 제자들에게 순종을 가르치실 때도 다른 논리적 원칙을 사용하지 않으셨다.

순종과 복종이라는 단어는 그 의미가 비슷해 보이면서도 많이 다르다. 복종은 나보다 강한 어떤 힘이나 권위를 향해서 반응하는 태도이다. 군인은 상관에게 복종한다. 복종은 절대적이고 강압적이기도 하다. 복종은 자기의 의지와 상관없이 생긴 충성심이나 조직의

규례를 깨뜨릴 수 없어서 세워진 조직적 원칙에서 나오기도 한다. 복종은 자의가 아니라 타의에 의해서 만들어진 경우가 대부분이다.

그러나 순종은 다르다. 거기에는 강압도 조직도 타인의 압박도 없다. 원칙도 규례도 절차도 없다. 순종은 절대 자의에 의해서만 이뤄진다. 타인의 어떠한 노력이 개입되었다면 그 순종은 진정한 순종이 아니다.

예수님은 자신을 보내신 하나님을 알았다. 그분의 모든 것을 아셨다. 외모의 생김새뿐만 아니라 그분의 마음과 생각까지도, 자신을 향한 마음, 이 땅을 향한 사랑, 영혼을 향한 구원의 계획까지도 알고 계셨다. 예수님의 순종은 하나님의 성품을 만났기에 가능했다.

그렇기에 예수님은 제자들에게 조직이나 조직을 이끌어가는 원칙으로 순종을 강요하지 않으셨다. 폭군처럼 복종을 강요하며 권력을 남용하지도 않으셨다. 매일같이 제자들의 잘못을 노트에 기록해서 밤마다 반성문을 쓰게 하지 않으셨고, 벌칙을 만들어 벌을 세우지도 않으셨다.

예수님은 제자들이 순종하기를 기다리며 그분의 성품으로 제자들을 돌보신다. 열두 제자에게도, 바울에게도, 지금 우리에게도 예수님은 여전히 우리가 순종을 배우도록 그분의 성품을 계시하신다. 순종은 예수님의 성품을 만날 때 가능하다.

10

익숙함에서
돌아서라

*

내적 변화가 없는 외적 변화는 거짓이다. 주님은 말씀하신다.

선한 사람은 그 쌓은 선에서 선한 것을 내고 악한 사람은 그 쌓은 악
에서 악한 것을 내느니라 마 12:35

앞에서 말했듯 내적인 변화의 시작은 성품의 변화이다. 그런 이후
에 이제 사람의 속에 무엇이 쌓였는지에 따라서 외적인 변화가 나오
기 시작된다. 외적인 변화는 외모가 아닌 말 그대로 우리의 외적으
로 드러나는 행동이나 태도, 습관과 반응을 말한다. 그것은 하나님
께 있어서 내가 누구인지를 알기 시작하면서부터 드러나는 단계이기
도 하다.

사람들은 신분의 변화를 얻고 싶어 한다. 정확히 말하면 신분 상승을 바란다. 신분 제도가 있었던 조선시대가 아님에도 여전히 신분에 대한 상승을 기대한다. 그러나 신분 상승보다 중요한 건 영적인 상승이다.

영적 상승으로의 첫 번째 변화는 하나님께 묻는 삶이다. 하나님께 묻는다는 것을 대화체로만 생각하지 않았으면 좋겠다. 하나님을 우리와 친구처럼 탁자에 앉아 상담을 해주시면서 모든 문제의 해결책을 찾아주는 분으로 생각하지 말자는 것이다.

처음 사역자가 되기 위해 훈련을 받으면서 하나님께 묻는 것에 대한 강의를 들을 때의 일이다. 그때는 마치 우리가 원하기만 하면 하나님이 바로 음성을 들려주시는 것이라 생각하기도 했다. 신기함과 흥분이 동시에 일어났지만, 얼마 지나지 않아 실제로는 전혀 그렇지 않다는 것을 알게 되었다.

하나님께 묻는다는 것은 하나님의 절대 주권을 인정하는 삶을 말한다. 그렇기에 우리가 하나님 앞에 나가서 묻는다고 해서 언제나 즉각적으로 응답을 받게 되는 것은 아니다.

긴장감을 놓쳐버린 다윗

다윗을 생각해보자. 다윗은 왕이 되기 전, 수많은 전쟁에서 승리했다. 그는 전쟁에 나가기 전에 하나님께 이 전쟁을 해도 되는지, 어떤 전략을 써야 하는지 물었다. 그것이 그의 신앙이었다. 그로 인해 다윗은 가는 곳마다 승리했고, 전쟁이 하나님의 손에 있음을 알게 되었다.

다윗은 어린 나이에 들에서 양을 치며 자랐고, 악기를 가지고 다니면서 시간이 날 때마다 하나님을 노래했다. 들에는 무수한 풀과 나무 그리고 신선한 공기와 간간히 들리는 양의 소리뿐 다윗의 노래를 들어줄 사람은 아무도 없었다. 아무도 듣지 않는 공허한 공간에서 습관처럼 악기를 연주하며 노래를 부른다.

음악을 배워 보지 못한 다윗이었지만 악기를 잡으면 자기도 모르는 곡이 저절로 입에서 흘러나오는 것을 여러 번 경험했을 것이다. 노래를 부르기 시작하면 마음이 뜨거워지고, 아무도 없지만 누군가가 지켜보며 자기의 노래를 듣고 있는 듯한 느낌을 받았을 것이다. 그래서 다윗은 하나님을 향한 노래를 그치지 않았다. 그는 들판에서 하나님을 노래하고 하나님을 만났다.

사무엘에게 기름부음을 받은 후에는 하나님의 영이 그에게 임했고, 골리앗을 쳐서 무너뜨릴 때는 다윗의 하나님이 어떤 분인지 만천하에 알리기도 했다.

다윗의 하나님, 그분 때문에 다윗은 이 세상에서 왕으로 살 수 있었다. 다시 말하면 하나님이 없는 다윗은 그냥 평범한 양치기 소년에 불과했다. 하나님 없이는 다윗을 말할 수 없다. 하나님을 배제한 채로 다윗을 설명하려고 한다면 그는 하나님을 모르는 사람일 것이다.

그런 다윗이 왕이 되고 나서 여러 가지 시험에 봉착한다. 첫 번째 시험은 그가 편안할 때 찾아왔다. 다윗에게는 이제 전쟁의 긴장도, 자기를 죽이려는 사울의 도전도 없었다. 마음만 먹으면 뭐든 소유할 수 있고 누릴 수 있었다. 하나님께 더 이상 묻지 않아도 다윗은 왕으로서 아무 문제없이 나라를 잘 다스리는 것처럼 보였다.

그는 여전히 절기를 충실히 지켰고, 하나님의 거룩한 지성소를 아름답게 하는 것도 빼먹지 않았다. 왕이 된 후에도 찬양시를 짓고 노래하는 것을 잊지 않았다. 하나님의 성전을 짓고 싶은 열정도 있었다. 하나님을 모욕하는 것은 참지 못했고, 이방인들을 주님의 이름으로 물리쳤다. 그는 여전히 하나님께 열심이 있는 사람이었다. 그러나 그는 더 이상 하나님께 묻지 않았다.

다윗의 상태로 봤을 때 아마 지금 적군이 바깥에 진을 치고 있어 당장이라도 전쟁에 나가야 할지 결단을 내려야 할 상황에 처했다 해도 하나님께서 침묵하실 수 있다. 그럼에도 전쟁을 안 할 수 없는 상황이니 다윗은 그냥 군사를 데리고 전쟁에 나갈지도 모른다. 하나님께 물어도 전쟁에 나가야 하고 하나님께 묻지 않아도 전쟁에 나가야 한다고 생각하면서 말이다. 어쩌면 뻔한 대답을 기다리면서 바쁜 와중에 시간을 내서 하나님 앞에 묻는 의식이 무의미하게 생각될 수도 있다. 이런 일을 한두 번 겪다 보면 하나님께 나가서 묻는 일이 점점 줄어들게 된다.

하나님은 우리에게 말씀하신다. 그것이 관계의 시작이다. 대화가 없는 관계는 있을 수 없다. 하나님께 묻는다는 것은 하나님이 우리에게 말씀하시는 분이라는 사실을 믿는 데서 시작된다. 그런데 시간이 지나면서 우리는 점점 하나님께 묻지 않게 된다.

하나님을 믿은 지 오래된 사람들에게 나타나는 증상이기도 하다. 힘들고 어려울 때가 지나고 몇 번의 성공을 경험했다거나 원하는 사역을 하고 있다고 생각하면서부터 사람들은 스스로 일하기 시작한다. 경험과 노하우가 하나님께 묻는 것보다 더 빠르고 편리하고 정확해 보이기 때문이다.

이스라엘의 초대 왕이었던 사울은 전쟁을 앞두고 늘 초조해했다. 전쟁에서 이기면 좋지만, 만약 패하게 된다면 왕으로서의 체면과 백성들이 겪는 고통이 크기 때문이다. 그날도 사울은 전쟁을 나서기 전 사무엘을 기다리며 제사를 준비했다. 하지만 시간이 지나도 사무엘이 나타나지 않자 그는 하나님의 종의 자리를 떠나 한 나라의 왕으로 변했다. 그리고 자신의 판단대로 제사장이 드려야 할 제사를 자신이 드렸다. 이 사건은 하나님이 사울을 더 이상 쓰실 수 없다는 결정을 하시게 된 일이기도 하다.

사울 왕의 입장도 이해가 안 되는 것은 아니다. 전쟁에 나갈 준비도 해야 하고, 군사들은 기다리다 지쳐 점점 대열에서 이탈하고 있는데 언제 올지 모르는 사무엘을 무작정 기다리는 것은 전쟁을 해야 하는 왕의 입장으로 좀처럼 쉽지 않은 상황이었을 것이다.

그런데 사울 왕이 직접 전쟁을 위한 제사를 마친 직후, 사무엘이 도착했다. 사무엘은 사울 왕을 꾸짖고 하나님의 명령에 순종하지 않은 것을 질책했다.

하나님은 왜 사무엘을 지체하게 하셨을까? 제사를 드려도 전쟁에 나가야 하고 제사를 드리지 않아도 전쟁은 해야 하는데, 누가 언제 제사를 드리는 것이 왜 그리 중요한가? 어차피 전쟁을 해야 한다는 결론은 이미 알고 있는데 말이다. 여기에 순종의 비밀이 숨겨져 있다. 결론적으로 말하면 사울은 순종을 잃는 순간 나라도 미래도 자신도 하나님도 잃어버렸다.

익숙함의 함정

결과도 중요하지만 그 결과를 가져오는 과정에서 우리 마음의 중심의 움직임이 드러난다. 하나님은 그 중심을 보신다. 사울과 다윗은 왕이 되면서 그간 전쟁을 치르며 산전수전 다 겪은 탓에 익숙한 것에는 자신의 생각대로 움직이는 실수를 범했다는 점에서 동일하다.

익숙한 것에 대한 우리의 태도, 여기에서 치명적 실수가 생긴다. 우리는 익숙해지기 시작하면 더 이상 하나님을 의지하지 않는다. 그리고 그 익숙한 것을 자신의 능력으로 해내는 쾌감을 다시 느끼고 싶어 한다. 그 일을 이룰 수 있었던 것에는 하나님의 개입이 있었음에도 불구하고 말이다.

하나님께 묻는다는 것은 내 익숙함을 버리는 것이다. 내 익숙함을 의지하지 않는다는 의미이다. 내 인생의 어떤 것도 내 의지나 경험에 의지해 판단하고 결정하지 않기로 하는 것이다.

사실 결과만 보면 사울을 책망할 일은 거의 없을 것이다. 사울의 결정적 실수는 그가 하나님께 순종하지 않고 자신의 생각대로 제사를 드리고 전쟁을 치르며, 자신의 경험으로 나라를 다스리려고 했다는 것이다. 그가 전쟁에 실패하고 나라를 말아먹는 정치를 한 것이 원인이 아니었다. 사울은 나라를 꽤나 잘 다스리고 백성을 잘 돌보아 초대 이스라엘을 번성하게 했지만 하나님의 관심은 그의 순종에 있었다.

다윗 또한 비슷한 과정을 겪은 것 같다. 왕이 되면서 전쟁과 정치에 익숙해졌다. 그 익숙함에 점점 물들어가고 있을 때, 그래서 더 이상 하나님께 묻지 않게 되었던 때에 우연히 목욕을 하는 여인을 보고 그 아름다움에 눈이 멀었다.

나는 전기가 없는 곳에서 오래 살았다. 지금도 발전기에 의지해 가끔씩 전기를 쓰면서 빛이 얼마나 귀하고 소중한지 온몸으로 겪으며 살고 있다. 더운 날씨를 이겨보고자 저녁이면 밤바람을 맞기 위해 마당에 나가든지 옥상에 올라가본다. 온 동네는 암흑으로 가득하고 멀리 창문으로 희미하게 보이는 불빛이 전부다.

다윗 시대도 그랬을 것 같은데, 어떻게 그 어둑한 저녁에 여인의 모습을 보고 아름답게 여겼을까? 게다가 정말 아름다운 여인들은 왕궁 안에도 수두룩했을 것이다. 그럼에도 그 밤에 흐릿하게 보이는 여인을 보고 마음을 빼앗길 정도로 아름답다고 생각했다면, 그것은 다윗에게 일반적인 일은 아니다.

다윗은 즉각 여인을 데려오게 해 동침한다. 그것은 왕으로서 어렵지 않은 일이다. 그녀가 유부녀이든 처녀이든 나이가 많든 어리든 누구의 가족이든 상관할 필요가 없다. 다윗은 눈이 멀었다. 눈이 멀면 이성을 잃는다. 이성을 잃으니 평소 하던 대로, 왕의 권력을 가지고 마음먹은 대로 하던 익숙함이 나타났다. 곧 죄가 다윗을 다스리기 시작한 것이다.

다윗은 고민하지 않았다. 이 일이 죄인지 아닌지, 부도덕한 짓인지 아닌지, 왕으로서 할 짓인지 아닌지, 이러면 되는지 안 되는지, 하나님이 어떻게 보실 것인지 아무것도 생각하지 않았다.

게다가 아이가 생기자 자기의 죄를 감추기 위해 이제는 더 큰 일을 벌인다. 다윗은 놀라고 당황했다. 예상하지 못한 일이기 때문이었다. 죄가 들어오면 이렇게 예상하지 못한 일이 벌어진다. 그러면 당황하게 되고 사리 분별이 없어진다. 다윗은 전쟁터에 있는 자신의 부하인 우리아를 불러들여 아내와 동침하도록 유도하지만 그것이 성사되지 않자 제일 악한 방법을 생각해낸다. 그를 죽이는 것이다. 다윗은 자기의 죄를 가리기 위해 왕으로서 아주 익숙하고 능숙하게 이 일을 처리한다. 그는 최측근을 동원해 일을 진행했고, 이 일을 아는 사람은 극소수였을 것이다.

죄는 또 다른 죄를 낳는다. 그렇게 점점 커지다가 나중에는 스스로도 감당할 수 없을 만큼 커져버린다. 다윗의 죄를 감추기 위해서는 주위의 다른 신하들도 죄에 동참해야 한다. 왕의 명령 때문에 어쩔 수 없다고 여기면서 말이다.

이 지경에 이르렀어도 다윗은 자신이 죄를 지었다는 사실을 깨닫지 못했다. 문제는 여기에 있다. 익숙함에 물든 사람은 모든 일을 정당화한다. 익숙함이라는 세계 안에서는 자신만 보인다. 일의 중심이 이미 하나님을 벗어났다.

익숙함은 이렇게 죄가 들어올 때 그의 모든 영적인 감각이 멈춰버리게 한다. 죄에 대한 감각이 정지되면서 분별력 또한 사라진다. 자기를 정당화시키는 것에도 익숙해진다.

하나님은 다윗에게 나단 선지자를 보내신다. 그를 통해 다윗이 저지른 일을 백주(白晝)에 드러내신다. 다윗은 여전히 하나님을 사랑했고, 그 앞에 주기적으로 나아와 제사와 예배를 드리던 사람이었다. 그러면서도 자신의 일에 너무 익숙했기에 자신이 일과 직분을 아주 능숙하게 잘 처리하는 하나님의 종이라고 스스로 생각하며 살고 있었을 것이다. 그는 익숙함에 스스로 속고 있었다.

나단은 그런 다윗을 찾아가 말한다.

"You are the man!"(당신이 그 사람이라, 삼하 12:7).

명확하고 확실하게, 돌려 말하지 않고 간접적으로 말하지도 않았다. 다른 누가 아닌 바로 다윗이 그 악한 사람이라고 말이다. 하나님은 그런 분이시다.

자기 일에 익숙한 사람들은 은밀한 것을 지향한다. 다윗도 은밀하게 일을 마무리했다고 믿었다. 하나님을 그렇게 사랑했던 다윗도 하나님이 은밀한 모든 것까지 보고 계신다는 두려움을 잊고 살았다. 익숙한 것에 다스림을 받은 사람의 최후다.

삶에 익숙해지면, 그 안으로 소리 없이 들어오는 죄를 감지해내지 못한다. 이것이 익숙함이 주는 함정이다. 당신 안에 있는 익숙함의 옷을 입은 사람, 그 사람은 하나님을 모른다.

사람에게 반응하는 익숙함
익숙한 것에 대한 또 다른 예를 들어보겠다.

그 성에 시몬이라 하는 사람이 전부터 있어 마술을 행하여 사마리아 백성을 놀라게 하며 자칭 큰 자라 하니 낮은 사람부터 높은 사람까지 다 따르며 이르되 이 사람은 크다 일컫는 하나님의 능력이라 하더라 오랫동안 그 마술에 놀랐으므로 그들이 따르더니 행 8:9-11

시몬은 마술을 행하는 사람이었다. 그의 마술이 얼마나 놀라운지 신분 고하에 상관없이 모두가 그에게 하나님의 능력이 있다고 믿었다. 시몬 스스로도 자신을 '큰 자'라고 칭하고 다녔다.

세상에 진짜 마술이란 없다. 모두가 눈속임일 뿐이다. 너무 신기한 속임수에 사람들은 놀라고 감탄한다. 정말 있을 법한 마술을 위해 얼마나 많은 시간을 연구하고 노력하겠는가?

마술사들은 사람들의 반응을 기다린다. 자기의 마술을 통해서 사람들이 나타내는 반응이 곧 결과이고 안정감이다. 사람들이 마술을 보고도 감탄하거나 놀라는 반응을 보이지 않으면 그 마술은 실패한 거다.

이런 마술을 통해 사마리아에서 유명인이 된 시몬이 빌립의 전도함을 듣고 세례를 받으며 하나님의 제자가 된다. 시몬에게 비친 빌립의 전도 능력은 대단했을 것이다. 베드로와 요한이 사마리아로 내려와 성령으로 세례를 베푸는 것을 보면서 시몬은 더더욱 놀란다. 급기야 제자들에게 돈을 주며 그 권능을 자신에게도 주어 누구든지 자신이 안수하는 사람이 성령으로 세례를 받을 수 있게 해달라고 요구한다. 말도 안 되는 일이지만 마술사 시몬은 그만큼 제자들의 능력과 권능에 놀랐다. 그는 성령을 통해 얻게 되는 변화보다는 순간적이고 즉각적인 사람들의 반응에 관심이 있었다.

제자들은 시몬의 마음을 읽었다. 그의 마음에는 하나님은 없었다. 오직 사람들의 반응만 있을 뿐이었다. 그가 세례를 받으려는 목적은 구원이 아니라 제자들을 따라다니면서 그들의 능력을 배우기 위함이었다. 그런 시몬을 향해 제자들은 그 마음에 악독과 불의가 가득하다고 말했다. 하나님의 능력을 이용해 자기 밥벌이를 하기 위함임을 알았기 때문이었다. 그는 제자들에게 네 은과 함께 망하게 될 거라는 경고를 듣는다. 돈을 주고 하나님의 권능을 살 수 있다고 믿은 어리석은 한 마술사의 최후다.

익숙함은 마치 시몬이 행하는 마술과 같다. 마술을 통해서 사람들로부터 하나님의 큰 능력을 입은 사람이라고 칭송받는다. 시몬을 보는 사람들은 아마도 그가 하나님의 능력을 행하는 사도쯤 될 것이라고 생각했을 것이다. 하나님 없이도 사람들에게 하나님의 사람이라, 하나님의 능력이라 존경받을 수 있었다.

익숙함에 물든 사람들도 이와 같다. 그들이 일을 능숙하게 잘 처리할 때 사람들은 놀란다. 저 사람은 저 일에 전문가이고 기름부음이 있다고 생각할 수도 있다. 익숙하게 일을 하는 사람들은 더더욱 사람들의 기대에 부응한다. 이들은 사람들의 반응에 민감하다. 결과에만 관심이 있다.

우리는 인생을 사는 데 익숙해지고, 우리가 맡고 있는 사역에 익숙해진다. 재정을 사용하는 것에 익숙해지고, 사람들과 관계를 맺는 데 익숙해진다. 교회를 어떻게 하면 잘 운영할 수 있는지에 익숙해지고 매 주일 어떻게 설교를 준비하면 되는지에 익숙해 있다. 선교지에서의 삶에 익숙해지고, 어떻게 하면 더 많은 선교헌금을 모을 수 있는지에도 익숙해진다.

무엇을 의지하고 있는가

한국 사람들은 이름을 부를 때 곧잘 그 사람의 직위나 직분을 붙여서 부른다. 이름 대신 그 사람의 직위만 부르기도 한다. 교회에서는 아무개 목사님, 장로님, 집사님, 사회에서는 회장님, 사장님, 이사님 등. 아주 친한 사이에서만 이름과 애칭을 쓰지 사회에 나가면 모두가 이름에 다른 호칭을 붙여 부른다.

한국에서 백화점에 갈 일이 있었다. 워낙 비싼 곳이라 무엇을 사러 간 것은 아니어서 어느 매장 앞에서 옷을 구경하고 있는데, 점원이 달려나왔다.

"사장님, 어떤 옷을 찾으시나요?"

'사장님? 내가 사장처럼 보였나?'

갑자기 오글거리기 시작했다. 백화점에서는 아무나 사장인가? 물론 내 행색을 보고 정말 사장이라고 생각하지는 않았을 것이다. 자기가 사장이든 아니든 사장이라고 불러주면 진짜 사장인 줄 알고 체면 때문에라도 지갑을 열 거라고 생각한 모양이다. 진짜 사장이 아니라도 그런 말을 들으면 기분이 나쁘진 않을 것 같다.

'백화점에 오면 사장이 되는구나.'

생각해보면 우스운 일이지만 지금 우리 사회 어디서나 볼 수 있는 풍경이다. 이름 대신 불러주는 호칭을 통해서 자신의 신분이 바뀌는 것이라고 생각한다. 사장이 되면 신분이 바뀌는 건가 싶기도 했다. 사람들은 그 호칭에 익숙하게 살아간다.

훈련을 한창 받던 시절, 선교 단체에서 예배를 드릴 때마다 늘 놀라는 사실이 있었다. 우리가 부르는 찬양이 매번 그다지 다르지 않은 곡들임에도 불구하고 부를 때마다 그 곡이 주는 힘과 능력과 기름부음이 다르다는 것이다. 몇 번을 반복해서 불러도 지루하지 않았다. 그것은 나만의 경험이 아니라 당시 예배에 참석했던 모든 사람들의 고백이었다.

예배를 인도하고 청중들을 하나님의 임재 가운데 들어가게 하기 위해서 무엇이 필요하겠는가? 예배 인도자는 노래를 잘 부르기 위해 세워진 것이 아니다. 작곡이나 작사를 잘하는 사람들이 세워지는 것도 아니다. 그의 예배의 시작을 통해 하나님의 거룩한 임재가 그곳에 임하도록 하는 것이다. 그러기 위해서 그 예배자는 끊임없이 하나님 앞에 앉아 있어야 할 것이다. 이것은 절대로 그가 하던 대로 익숙함을 의지하거나 능숙함으로 되는 일이 아니다.

나는 근래 한국에서 드려지는 예배에 대해서 하고 싶은 말이 많다. 주관적인 생각일 수 있지만 예배팀들이 익숙한 그 무언가에 물들어 있는 듯한 느낌이다. 음악과 노래는 있는데 하나님의 임재와 거룩함이 없는 예배를 보게 된다. 우리는 스스로에게 질문해야 한다.

'예배를 드리기 전에 하나님 앞에 나아가 그분께 묻고 있는가? 아주 오랜 시간 하나님 앞에 나가서 엎드려 묻고 있는가? 아니면 우리의 익숙함을 의지하고 있는가?'

재정에 대한 태도도 마찬가지다. 내게 주신 모든 재정에 대해 하나님께 묻고 있는가? 우리 주머니에 있는 재정을 우리의 것이라 생각하면 큰 오산이다. 우리에게 주신 모든 재정은 하나님의 것이다. 십일조와 정기적으로 드리는 감사헌금에도 익숙함이 생긴다. 그렇게 드리는 것 외에는 모두가 자기의 것이라 생각한다. 그래서 헌금 외에는 자기 마음대로 재정을 사용한다.

나를 후원해주시는 분들이 몇 분 계신다. 내게는 소중한 분들이지만, 대부분 얼굴을 모른다. 한국에 방문할 때 한 번 뵙자고 하면 한사코 거절하시는 분들이다. 이 분들과의 관계는 가끔 보내드리는 소식지가 전부다. 선교헌금을 하면서 드러내거나 자랑하고 싶지 않다고 하신다.

반면에 교회에서 초청을 받아 집회나 강의를 하고 나면 으레 계좌번호를 묻는 분들이 계신다. 어떤 분들은 순간적인 은혜를 받아서 후원하고 싶은 마음이 들었을 것이고, 어떤 분들은 체면 때문에 마지못해 물어보는 것일 수도 있다. 그러나 그런 후원을 준다고 다 받아서도 안 되지만, 하나님께 묻지 않고 하게 되는 후원은 의미 없게 사용될 것이다.

하나님께 묻는다는 것은 그분이 대답을 하시든 안 하시든 나는 하나님께 순종할 준비를 한다는 것이다. 그것이 하나님에 대한 바른 태도이다. 사울에게는 백성을 위한 전쟁보다 하나님을 기다리는 순종이 필요했다. 하나님은 사울이 백성을 잘 다스리는 유능한 왕이기보다 먼저 이스라엘의 진정한 왕이신 하나님께 순종하는 왕이길 원하셨다. 때로는 그에게 순종을 가르치기 위해 하나님이 아무것도 하지 않으실 때도 있다. 그러나 사울은 왕으로서의 익숙함에 젖어 하나님께 순종하기보다 자신의 판단을 선택했다. 익숙함에 젖은 사람은 절대 하나님의 음성을 들을 수 없다.

성령을 의지하는 삶

익숙함을 따르는 것의 반대는 성령을 의지하는 것이다. 바울은 로마서 7,8장에 걸쳐 자신이 육신에 거하면서 살아온 시간과 그것이 어떤 것을 말하는지 설명하고 있다. 익숙한 행동은 바로 육신에 거하는 사람들이 사는 삶의 방식이다.

> 육신의 생각은 하나님과 원수가 되나니 이는 하나님의 법에 굴복하지 아니할 뿐 아니라 할 수도 없음이라 육신에 있는 자들은 하나님을 기쁘시게 할 수 없느니라 만일 너희 속에 하나님의 영이 거하시면 너희가 육신에 있지 아니하고 영에 있나니 누구든지 그리스도의 영이 없으면 그리스도의 사람이 아니라 롬 8:7-9

우리는 육신과 영으로 나뉘어져 있으며 둘 중 하나에 의해 살아간다. 간단히 설명하면, 육신에 거하며 살아가는 사람은 자신을 의지하는 사람이다. 자신의 능력과 지위와 부와 명예 그리고 쌓아놓은 명성을 따라 살아가는 사람이다. 그만한 지위와 능력이 있다면 그 일에 아주 익숙한 전문성도 있을 것이다. 능숙한 기술과 노하우가 이 사람들의 힘이 될 수 있다.

성경은 육신의 생각은 하나님의 원수가 된다고 한다. 자기의 생각과 의지에서 나오는 모든 것이 하나님과 원수가 되어 하나님의 법에 굴복하지 않고 굴복할 수도 없다는 것이다.

영에 속한 사람은 그 반대다. 어떤 자리에 있든, 무슨 일을 하든 자기의 익숙함을 의지하거나 따르지 않는다. 같은 일을 매일 반복한다 하더라도 오직 성령이 하시도록 자신의 자리를 내어드린다.

예를 들어 매일 음식을 만드는 주부들의 경우는 음식을 만들 수 있는 충분한 경험과 레시피가 있지만 자신의 손을 성령께 맡기고 의지하며 요리를 하는 것이다. 평소 만들던 음식이고 내가 내 손으로 만드는 음식이지만 그 음식의 주인이 내가 아니고 성령이심을 인정하는 것이다.

내가 하고 있는 전쟁의 주인이 하나님이심을 인정하는 것이고, 내가 하고 있는 사업의 주인이 하나님이심을 인정하는 것이다. 내가 섬기는 교회의 주인이 예수님이시고, 오늘 내 설교의 주인이 성령님이심을 인정하는 것이다. 나를 둘러싼 모든 것, 내 몸뚱이까지도 내 것이 아니고 하나님의 것임을 인정하는 삶이 바로 영으로 사는 사람들의 삶이다.

만일 너희 속에 하나님의 영이 거하시면 너희가 육신에 있지 아니하고 영에 있나니 누구든지 그리스도의 영이 없으면 그리스도의 사람이 아니라 롬 8:9

우리 속에서 "You are the man!"이라고 불리는 사람, 즉 그리스도의 사람이 아닌 그 사람을 빼내야 한다. 그 사람은 우리 속에 있는 익숙함과 능숙함을 의지하는 사람이다.

11

내 삶의
나단은 누구인가

*

다윗은 나단 선지자에게 하나님의 경고를 듣는다. 무섭고 두려운 하나님의 말씀을 들은 다윗은 변명하거나 남의 탓으로 돌리거나 부인하지 않았다. 하나님을 두려워하고 떨림으로 경외하던 눈으로 돌아와 제대로 자신의 모습을 보게 되었다. 그는 자신의 죄가 얼마나 크고 엄청난 것인지 깨달았다.

여기서 사울과 다윗의 차이점이 드러난다. 둘 다 왕으로 있을 때 죄를 지었다. 어쩌면 사울의 죄보다 다윗의 간음 사건이 더 부끄럽고 큰 죄처럼 여겨진다. 그런데 죄에 대해 경고를 받는 두 사람의 반응이 완전히 다르다. 사울은 변명했고, 다윗은 인정했다. 자기를 인정하는 것, 자신의 죄를 하나님의 눈으로 보는 것은 정말 하나님을 두려워하는 사람들의 반응이다.

우리 아이들은 이제 다섯 살, 여덟 살이다. 아이들이 더 어릴 때 둘이 사고를 치면 아이들 엄마는 제일 먼저 "누가 그랬어?"라고 물었다. 당장 엄마에게 혼날 것을 두려워하는 아이들에게서 "제가 그랬어요"라는 대답을 듣기는 어렵다. 어린아이들이지만 그 짧은 시간에 머리를 굴려 어떻게든 혼나는 것을 모면하기 위해 자기 잘못이 아님을 증명하기 위한 긴 변명을 늘어놓는다.

부모 입장에서는 누가 잘못했는지 이미 알고 있지만, 아이들에게 중요한 것은 누가 잘못했는지가 아니라 빨리 그 순간을 모면하는 것이다. 상황을 모면하기 위한 아이들의 노력을 볼 때면 화가 날 때도 있지만 웃음이 나오는 경우가 많다. 아이들의 반응이 너무 진지하고 신중하기 때문이다.

재미있는 건 누가 가르쳐주지 않았는데도 아이들은 자기에게 닥친 상황을 잘 넘기기 위해 자기방어를 한다. 그것을 위해 남의 탓을 하고 자기 정당성을 주장하고 심지어 있지도 않은 일을 만드는 거짓말까지 동원한다. 이런 태도를 보이는 아이들을 그대로 둔다면 지금 우리 세대의 어른들처럼 자라날 것이다.

내 안의 '그 사람'을 보라

거짓과 속임과 과장과 탐욕이 난무하는 이 세대에 하나님이 "당신이 그 사람이라"고 말할 때 다윗처럼 내 안에 있는 그 더러운 사람을 아무 말 없이, 아무 변명 없이 인정할 사람이 몇이나 될까?

그리스도를 모르는 사람들은 더 이상 교회에 대한 기대가 없다. 이것이 우리의 현실이다. 애초에 교회에 다니지 않는 사람들도 많지만 교회에 나오다가 떠나버린 사람들이 점점 많아진다. 교회에 대한 회의와 실망 때문이다.

숨기기 급박한 교회 내의 부정과 부패, 성적 타락과 물질만능주의, 신선해야 될 사과가 썩은 사과로 이 땅에 존재하니 이 사회가 깨끗해지기가 더욱 어렵다. 누구도 "당신이 그 사람이라"는 음성을 인정하지 않는다. 자기는 아니라고 한다. 깨끗하다고 한다. 성직자로서 해서는 안 될 범죄를 저질러놓고도 버젓이 강단에서 메시지를 전하고 있는 사람들이 하는 말은 하나님이 용서했으니 사람들이 왈가왈부할 필요가 없다는 것이다. 정말 하나님이 용서하셨을까? 스스로 용서했다고 믿으며 그저 자기 정당성을 주장하는 것은 아닐까?

그 안에 '그 사람'이 남아 있는 한은 용서된 게 아니다. 자기 안에 있는 그 사람을 보고, 인정하고, 철저히 회개해야 하나님의 용서가 주어진다. 자기를 인정하지도 않고 그 죄에 대한 처절함도 없는 사람이 오직 자기 명성과 명예와 지위와 체면 때문에 스스로 용서되었고 자기는 깨끗하다고 믿으며 그렇게 사람들에게 자기를 정당화시킨다. 성령이 충만하여 하나님이 쓰시는 몇 안 되는 하나님의 사람처럼 스스로 꾸미고 가장하고 변장한다. 다윗처럼 자기도 실수할 수 있고 오히려 그 실수가 전화위복이 되어 이전보다 더 많은 은사와 축복을 주신 것처럼 해석하고 위장한다. 누가 봐도 썩은 냄새가 진동하는데, 정작 스스로만 그 냄새를 맡지 못한다. 이것이 지금 우리 공동체의 모습은 아닌가?

수많은 교회가 건축으로 인한 무리한 대출로 인해 경매에 넘어가고 있다고 한다. 교회 안의 불투명한 재정 의혹 때문에 법정에 서야 하는 성직자들이 많아졌다. 성결해야 할 이성관계의 부정들이 그리스도의 공동체 안에서 쉬쉬하는 가운데 곪아가고 있다. 아무도 모르게, 은밀하게 진행되는 일들이다. 그들은 아무도 모를 거라 생각한다. 아무도 본 사람이 없다고 생각하고, 아무도 소식을 들을 수 없을 거라고 생각한다. 그런데 세상에 아무도 모르는 비밀은 없다. 아무도 모르는 은밀한 것도 없다. 지금 하나님은 그 은밀한 것들을 하나씩 백주에 드러내고 계신다. 썩은 사과를 골라내고 계신다.

하나님은 두렵고 떨리는 분이시다. 하나님이 다윗을 사랑하고 인정하신 것은 다윗의 태도 때문이다. 다윗도 사람이다. 욕심도 있고, 탐욕도 있다. 왕이 되니 또다시 죽음의 사선을 넘나드는 전쟁터에 가고 싶지 않았을 것이다. 이제는 궁에서 편안히 앉아 명령만 해도 나라가 잘 돌아가고 어떤 전쟁이든 칼 한 번 들지 않고도 충성스러운 신하들로 말미암아 승리할 수 있었다. 이보다 더 좋은 생활이 어디 있겠는가?

그런 다윗이 자기의 부끄러운 죄와 태도와 은밀히 지은 죄에 대해서 부인하거나 피하지 않았다. 이것은 아무나 할 수 있는 일이 아니다. 자신이 얼마나 부끄러웠겠는가? 아무도 모를 거라 생각한 그 은밀한 죄를 하나님이 낱낱이 까발려서 드러내셨을 때, 다윗은 죽을 만큼 부끄럽고 초라했을 것이다. 다른 사람도 아닌 하나님의 사람 다윗 왕이 해서도 안 되고 생각조차 하지 말아야 할 그런 짓을 저질렀다.

'이 일이 드러나면 세상 사람들이 나를 어떻게 볼까? 지금까지 내가 쌓아놓은 명성과 업적이 한꺼번에 무너질 수 있는데 내 체면은 뭐가 되지?'

수많은 생각들이 순식간에 머리를 때리고 지나갔을 것이다. 그러나 다윗은 앞으로 자신을 둘러싼 루머, 치명적 실수에 대한 사람들의 반응, 자기 명성에 미칠 영향에 대한 염려를 한 번에 다 눌러버렸다. 이제 다윗에게 그런 것은 중요하지 않았다.

"You are the man!"

다윗은 이 말을 들었다. 그리고 자신 안에 있는 그 사람을 보았다. 세상에서 가장 추악하고 더럽고 악하고 잔인한 자신 안의 그 사람을 본 것이다. 내가 보는 내 안의 그 사람이 아니라, 하나님이 보시는 그 사람을 보게 된 것이다.

자신 안에 그 추악한 사람이 있다는 것을 인정하는 일은 그 어떤 헌신보다 하나님을 기쁘시게 한다. 이것은 하나님을 모르고는 할 수 없는 고백이다. 하나님에 대한 사랑과 헌신이 없이는 인정할 수 없는 고백이기도 하다.

죄된 모습을 부정하지 말라

다윗은 하나님을 누구보다 사랑하는 사람이다. 그래서 그의 고백은 더욱 절실하다. 다윗은 자기가 하나님께 범죄했다는 것보다 하나님을 실망시켰다는 마음이 더 컸을 것이다. 다른 사람도 아닌 자신이 죄를 숨기고 하나님을 속이려 했다는 그 의도가 다윗을 스스로 절망감에 빠지게 했을 것이다. 다윗은 하나님을 실망시킨 그 부끄러움 때문에 자신의 왕의 권위와 명예를, 그동안 살았던 그 익숙한 것을 버린다.

다윗은 간음 사건 이후에 그 유명한 시편 51편을 쓰게 된다. 다윗이 쓴 51편을 두고 회개에 관련된 시라고 사람들은 말하지만, 다른 시각으로 보면 이 시는 하나님의 성품을 노래하는 시이다. 1절에서 다윗은 주의 인자하심과 주의 긍휼하심을 말한다. 4절에서는 주의 의로우심과 순전하심을 말한다. 그동안 하나님은 다윗에게 인자하시고 긍휼히 여겨주시며 의로우시고 순전하신 분이셨다. 그것이 다윗이 경험한 하나님이다.

이제 그는 자신 안에 있는 그 사람, 더럽고 추한 그 사람을 가지고는 하나님께 가까이 갈 수 없음을 알았다. 자기의 명예를 버린다 해도 자신 안에 있는 그 사람을 빼내지 않으면 살 수 없음을 알았다. 그래서 다윗은 51편의 애통과 통곡의 자리를 지나야 했다. 다윗은 우리아에게 범죄했다고 말하지 않는다. 자신의 죄가 항상 주 앞에 있으며 주께만 범죄했고 주의 목전에 악을 행했다고 고백한다(4절).

우리가 저지른 범죄는 하나님께 범죄한 거란 사실을 스스로 알게 된 것이다. 우리의 모든 범죄는 하나님을 향한 것이다. 하나님을 실망시키고 그분을 멸시하고 하나님의 존재를 의식하지 않는 범죄가 대부분이다. 자신에 대해 직면한 다윗은 10절에 이르러서야 정한 마음을 창조하시고 정직한 영을 새롭게 해달라고 통곡한다.

하나님을 경외한 다윗이지만 죄를 지을 때 그 안에는 정직함이 없었다. 하나님을 향한 정한 마음도 없었고 사람들을 향한 정직한 마음도 없었다. 오직 쾌락에 눈먼 은밀한 죄만 있었을 뿐이다. 그는 악하고 추한 마음이 자신을 다스리고 있었음을 이제야 알았다. 다윗 안에 있는 그 사람이 다윗을 다스렸다. 우리 안에 하나님이 계시면 하나님이 다스리시고 원수가 있으면 원수가 다스린다.

다윗은 익숙하게 드려지는 모든 형식적인 제사는 하나님이 원하시는 것이 아님을 알게 된다.

주께서는 제사를 기뻐하지 아니하시나니 … 하나님이 구하시는 제사는 상한 심령이라 하나님이여 상하고 통회하는 마음을 주께서 멸시하지 아니하시리이다 시 51:16,17

다윗만큼 하나님을 예배한 사람도 없을 것이다. 그러나 다윗도 진정한 제사가 무엇인지 그제야 알게 된다. 하나님이 원하시는 진정한 제사는 상한 심령이다. 다윗은 그 상한 심령이 어떤 것인지를 뼛

속 깊이 경험한다.

하나님이 금덩어리로 지은 성전에 계시겠는가? 유명한 나라의 도시 한복판에 있는 웅장한 성전에 계시겠는가? 세계에서 가장 큰 성전에 계시겠는가? 그곳에서 드리는 예배를 받으시겠는가?

다윗은 하나님을 위한 성전을 짓고 싶었다. 그곳에서 멋있고 우아하고 화려한 제사를 드려 하나님을 영화롭게 하고 싶었을 것이다. 그러나 하나님은 그런 곳에 계시지 않는다. 그런 곳에서 드려지는 예배에도 관심이 없으시다. 대형 교회는 더 대형 교회가 되고 싶어 하고 더 화려함과 아름다움으로 치장하고 싶어 한다. 그러면 더 은혜롭게 보이고 더 성장하는 교회같이 보이겠지만 실상은 아무것도 없는 요란함일 뿐이다.

다윗의 깨달음은 자신 안에 있는 그 사람을 인정한 후에 주어졌다. 이것이 하나님이 주시는 은혜다. 사람은 완전하지 않다. 아무리 오랜 시간 큰 교회를 섬기고 사회에서 존경받는 성직자라 해도 완전한 사람은 없다. 많이 배우고 좋은 학교를 나오고 좋은 부모의 배경 아래서 자라난 사람이라도, 사람들 앞에선 완전한 척하고 깨끗한 척하며 거룩한 척하지만 아무도 안 보는 데서는 은밀하게 무슨 일을 하는지 아무도 모른다. 우리는 여전히 연약하고 배울 것이 많고 언제 넘어질지 모르는 사람들이다.

하나님은 가나안을 복전에 둔 이스라엘 백성에게 모세를 통해서 가나안에 들어가게 되면 "너는 조심하여 너를 애굽 땅 종 되었던 집에서 인도하여 내신 여호와를 잊지 말고"(신 6:12)라고 말씀하신다. 이스라엘이 가나안에 들어가게 되면 그들이 하나님을 떠나고 우상을 숭배할 것을 알고 계셨기 때문이다.

40년이라는 시간을 광야에서 하나님과 보낸 이스라엘도 가나안에 들어가자마자 어떻게 변할지 하나님은 미리 알고 계셨고, 그것을 숨기지 않고 말씀하신다. 가나안은 사람들이 살기에 좋은 땅이지만 그 좋음으로 인해 하나님을 잊게 할 땅이라는 것도 알고 계셨다. 하나님은 자신이 사랑하고 선택한 민족이 자신을 잊어버리고 다른 우상을 섬길 것을 아셨음에도 그 땅으로 보내셨다.

그러면서 그 땅에 들어가면 어떻게 살아야 하는지에 대해 자세히 설명해주셨다. 그들을 향해 조심하라는 말씀을 잊지 않으신다.

"조심해라."

이것은 강요가 아니다. 안타까움이다. 하나님의 안타까움이 묻어나는 말씀이다. 걱정과 불안함도 묻어 있다. 이런 분이 우리 하나님이시다. 하나님은 우리가 완전하길 원하시는 것이 아니라 조심하기를 원하신다. 우리는 명예와 성공을 추구하고 유명한 인물이 되려고 무단히 노력을 한다. 물질에 흔들리고 유혹에 넘어진다.

마음 아픈 일이지만 이제 그리스도의 몸 안에 있는 성적인 범죄도 도를 넘어서고 있다. 청년들이 정결함을 잊고 있고, 자신의 몸과 마음을 어떻게 거룩하게 준비해야 하는지, 그 기준이 어디인지조차 모르고 있다. 알아도 유혹을 이길 만한 믿음이 없다. 거룩함도 정결함도 깨어진 채 그리스도의 몸은 병들어가고 있는데, 아직도 우리는 우리 안의 그 사람을 보지 못하고 있다.

그런 우리를 위한 하나님의 또 다른 사랑의 표현이 거짓 없이 우리 안에 있는 그 사람을 보게 하신다. 그분이 우리에게 원하시는 것은 그것을 부정하지 않는 것이다. 솔직하게 인정하는 것이다. 그래서 하나님은 다윗에게 선지자 나단을 붙여주셨다. 천하의 다윗에게도 선지자가 필요하다. 자기 안의 그 사람을 인정하지 않는 사람들은 자신의 선지자를 만들지 않는다.

우리 삶의 나단

선지자의 역할은 하나님의 말씀을 듣고 대언하는 사람이다. 아무리 통치권자인 왕이라 할지라도 하나님은 그에게 선지자, 즉 하나님의 말씀을 전하는 사람을 붙이셨다. 하나님은 선지자를 통해서 말씀하셨다. 이유는 사람들 안에 그 사람이 존재하면 하나님의 말씀이 들리지 않기 때문이다. 눈이 멀고 마음이 병든 사람은 절대로 하나님의 말씀을 분별할 수 없다. 다윗도 우리아의 아내를 보는 순간 눈이 멀고 마음이 병들었기 때문에 죄가 무엇이지, 그것이 어떻게 하나님을 아프게 하는지 몰랐다. 하나님은 그런 다윗에게 직접 말씀하실 수 없었다. 그래서 나단을 보내신다.

나단은 그 대상이 왕이라 할지라도 하나님이 말씀하시면 그 말이 무엇이든 간에 전했다. 그것이 선지자 나단의 사명이다. 하나님은 우리에게도 나단 선지자를 보내신다. 그 누구도 선지자가 없는 사람은 없다. 스스로 자신이 선지자라고 생각하는 그 사람에게도 하나님은 하나님의 말씀을 전할 선지자를 주셨다. 그것을 잊거나 부인하게 되면 그 사람은 절대로 "You are the man!"이라는 경고를 들을 수 없다.

나에게는 하나님이 보내신 선지자가 있는가? 변화되지 않은 사람들은 다른 사람의 얘기를 잘 들으려 하지 않는다. 자신의 익숙함에 물들어 자신의 생각과 자신의 하나님만 맞다고 생각한다. 고집과 자기 경험만 생각하는 사람들이 대부분이다. 자기에게 보내신 선지자를 인정하지 않는 것과 함께 아예 자기에게 말씀하시는 것을 듣고 싶어 하지 않는다.

나에게는 사랑하는 아내가 있다. 처음 만났을 때 아내는 착하고 명랑하고 순종적이고 연약해 보였다. 선교단체 활동 경험도 없고, 선교 경험이나 모슬렘 사역 같은 건 아내에게 먼 일이었다. 아내를 사랑해서 결혼했지만 나는 아내가 잘 따라올 수 있을지 불안하고 걱정이 되었다. 혹시 아내가 내 사역을 반대하거나 함께하지 못하겠다고 뒤로 물러서거나 투정하고 불평하면서 나를 원망할지도 모른다는 생각을 한 것도 사실이다.

오랜 시간 떨어져 살면서 이제는 아내가 누구보다도 나를 사랑하고 이해해주며 영혼을 사랑하는 사람임을 알게 되었다. 힘에 부치는 삶 속에서 여건과 환경이 마음에 들지 않아도 아내는 그 상황을 어떻게 슬기롭게 극복해야 할지를 아는 사람이었다. 그냥 조용히 뒤에서 묵묵하게 버팀목이 되어주는 사람이었다.

그리고 또 한 가지, 하나님이 내게 보내주신 나의 선지자가 바로 아내라는 사실을 알게 되었다. 왜소하고 누가 봐도 약해 보이는 아내는 사실 누구보다 강하고 든든한 사람이다. 아내는 어디 가서 말씀 한번 전하지 않지만 나는 아내를 통해서 하나님의 선지자 나단을 보게 된다. 아내는 나를 위한 선지자다.

많은 실수와 연약함의 증거들이 내 안에서 나타날 때마다 하나님은 아내를 통해서 내 안에 있는 그 사람을 보게 하셨다. 내가 바른 길을 가는지, 하나님이 원하시는 삶을 살고 있는지, 그렇게 행동하고 있는지…. 아내는 내 삶의 나단이 되었다.

하나님의 선지자는 우리 모든 사람들에게 보내졌다. 가족 중의 누구일 수도 있고, 영적인 리더일 수도 있고, 가까운 친구일 수도 있다. 아니면 한 번 만나고 헤어지는 어떤 사람일 수도 있다. 책이나 영상을 통해서도 우리가 들으려 한다면 우리에게 보내신 나단은 언제나 하나님의 말씀을 가지고 올 것이다.

예수님은 말씀을 마치실 때에 "귀 있는 자들은 들을지어다"(마 11:15), "귀 있는 자는 성령이 교회들에게 하시는 말씀을 들을지어다"(계 3:6)라고 하셨다.

귀가 있다면 들으라는 것이다. 그런데도 사람들은 듣지 않는다.

우리에게 보내신 선지자가 분명히 있는데 예수님이 이 땅에 살았던 때에 하나님이신 예수님이 직접 말씀을 하셔도 사람들은 듣지 않았다. 지금도 여전히 사람들은 선지자의 말을 듣지 않는다. 귀 있는 자는 들어야 하는데, 모든 사람이 다 듣지는 못하는 모양이다. 귀가 있어도 듣지 못하는 안타까움, 선지자 나단을 보내주어도 깨닫지 못하는 안타까움이 주님의 안타까움이시다.

> 예루살렘아 예루살렘아 선지자들을 죽이고 네게 파송된 자들을 돌로 치는 자여 암탉이 그 새끼를 날개 아래에 모음같이 내가 네 자녀를 모으려 한 일이 몇 번이더냐 그러나 너희가 원하지 아니하였도다 마 23:37

이 말씀은 예수님이 예루살렘 성을 보고 한탄하신 말씀이다. 선지자와 파송된 자들을 죽이고 돌로 치는 세대, 즉 하나님의 말씀을 들으려 하지 않는 세대를 향한 말씀이다. 딱딱하고 강퍅한 마음을 가진 사람들은 누구에게도 들으려 하지 않는다. 이 세대가 그렇다. 자기의 악함이 드러날까 가리고 포장하는 데는 익숙하지만 하나님이 보내신 나단의 말을 들으려 하지 않는다. 선지자들을 죽이기까지 하나님의 말씀을 들으려 하지 않는 죄는 오랫동안 하나님을 슬프시게 한다.

마치 지금의 우리를 말씀하시는 것 같다. 거절한 것은 우리다. 이것이 결론이다. 하나님은 아버지의 마음으로 은혜를 주시려 했지만,

우리가 원하지 않았다. 사람들은 선지자를 원하지 않는다. 하나님을 원하지 않는다. 듣지 않으려 한다. 보지 않으려 한다. 인정하지 않으려 한다. 받아들이지 않으려 한다. 오직 자기가 믿는 하나님만 맞다고 생각하는 것, 그것이 교만의 시작이다. 우리 삶에 나단이 없다면 우리는 방자히 행하게 될 것이다.

하나님 마음에 합한 사람

나는 나단의 소리를 듣고 있는가? 나단이 나에게 말하도록 귀를 기울이고 있는가? 만일 지금이라도 내 삶에 보내신 나단의 소리를 듣고 있다면 나는 하나님의 다윗이다.

만일 그렇지 않다면 한 가지 알아두어야 할 사실이 있다. 하나님의 공의가 그것을 분명히 짚고 넘어갈 것이라는 사실이다.

또한 그들이 마음에 하나님 두기를 싫어하매 하나님께서 그들을 그 상실한 마음대로 내버려두사 합당하지 못한 일을 하게 하셨으니 롬 1:28

마음에 하나님 두기를 싫어하는 것은 이 시대 사람들의 모습이다. 하나님의 말씀을 듣지 못하는 사람은 평생 그 상실한 마음대로 살아갈 것이다. 상실한 마음이란 하나님이 인간 안에서 보시는 마음이다. 상실한 마음을 가지고 사는 인간을 그냥 내버려두신다는 것은 더 이상 그에게 말씀하지 않으시겠다는 의미다. 말씀해도 듣지 않으려는 사람들을 향한 하나님의 결단이다. 그 상실한 마음이 인간을 지배하면 우리는 하나님을 잃고 살게 된다.

여전히 하나님의 일을 한다고 하는 사람이지만 정작 그 사람 안에 하나님이 안 계신다. 이것이 상실한 마음이다. 자기의 위치나 명분 때문에 거룩한 사람인 척하지만 그 마음은 상실로 가득하다. 불안함과 초초함이 그를 둘러싸고 있다.

또 하나, 이런 사람들에게는 하나님의 공의로 말미암는 징계가 있을 것이다.

> 내가 주께만 범죄하여 주의 목전에 악을 행하였사오니 주께서 말씀하실 때에 의로우시다 하고 주께서 심판하실 때에 순전하시다 하리이다 시 51:4

주님의 의로움이 그를 간과하지 않을 것이고, 하나님의 심판이 있게 된다. 다윗은 하나님의 공의를 몸으로 경험하고 산 사람이다. 하나님께 순종하지 않은 사울 왕의 최후를 다윗은 알았다. 수많은 하나님의 대적들이 어떻게 그 마지막을 맞이했는지 알았다. 그 하나님이 절대로 다윗의 범죄를 그냥 넘기지 않으실 것을 다윗은 알았다.

그렇다. 하나님은 우리 속에 있는 그 사람을 절대 간과하지 않으실 것이다. 하나님의 공의가 기다리고 있음을 알아야 한다. 우리의 죄에 대한 하나님의 간섭하심이 분명 있다.

다윗은 시편 51편 내내 자신의 죄를 말갛게 씻기시고 깨끗하게 해주시길 구하며 애통한다. 자기를 죄에서 정결케 해주시고, 눈보다 더 회게 씻어주시길 구하며 통곡한다. 주의 성령을 거두지 말아주시길 간구한다.

사람들이 오해하고 있는 것이 있다. 하나님이 이 땅에서만 일하실 것이라는 생각이다. 하지만 하나님은 이 땅에서만 아니라 우리가 알지 못하는 그 땅에서도 왕이시다. 그렇기에 우리를 이 땅에서도 심판하시지만 우리의 육체가 이 땅을 떠나 영원한 땅에 이르렀을 때에도 하나님의 공의는 살아서 그 말씀대로 죄를 물으실 것이다.

그러므로 하나님 앞에서 나의 죄를 인정해야 한다. 내 안의 그 사람이 있음을 인정해야 한다. 나를 인정하는 것, 그것이 진정한 변화의 시작이다. 나의 잘못을 인정하는 것, 나의 실수를 인정하는 것, 나의 연약함을 인정하는 것, 나의 죄를 인정하는 것. 거기에서부터 하나님은 일하신다.

하나님은 잘난 다윗이 아니라 못난 다윗, 그 못남을 깨닫고 하나님 앞에 무릎 끓는 다윗, 그 다윗을 붙드셨다. 실수하고 실패하고 넘어지고 죄를 이기지 못해 좌절하면서도 내 안에 또 다른 'the man'이 있음을 하나님 앞에서 인정하고 굴복하는 사람이 이 시대에 몇 사람이나 존재하는가? 만약 내가 그런 사람이라고 생각한다면 당신은 여전히 하나님의 다윗이다.

나는 매일같이 주님의 눈물을 만들고 싶다. 슬픔의 눈물이 아니고 고통의 눈물도 아니다. 주님의 눈물 한 방울이 내 가슴에 떨어지고, 그 사랑의 눈물이 내 가슴에 깊게 자리 잡고 있는 한 나는 순종의 바다에서 돌아오지 않을 것이다. 비록 내가 타고 있는 배가 허름하고 보잘것없을지라도.

PART 4

하나님의
꿈을 향해
나아가라

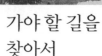

12

가야 할 길을
찾아서

*

　분별은 정확하게 아는 것 혹은 옳고 그름을 판단하는 능력이나 깨닫는 것을 의미하기도 한다. 분별이 없으면 의미를 잃어버리거나 길을 찾지 못하게 되기도 한다. 우리가 살아가는 인생에는 수많은 길이 놓여 있다. 그 길들 중에서 어디로 가야 할지, 어떻게 가야 할지를 알지 못한다면 우리는 계속 제자리에서 겉돌게 될 것이다. 분별은 우리에게 반드시 있어야 하는 것이다.

　하나님은 우리 모두가 이 단계, 즉 하나님의 뜻을 분별하는 자리에까지 성장하길 원하신다. 세상의 뜻이나 어떤 사람의 뜻이 아닌 우리를 창조하신 하나님의 뜻을 분별하는 것, 이 세상 주관자이신 하나님의 선하시고 기뻐하시고 온전하신 뜻을 분별하는 것 말이다.

우리 주 예수 그리스도의 하나님, 영광의 아버지께서 지혜와 계시의 영을 너희에게 주사 하나님을 알게 하시고 너희 마음의 눈을 밝히사 그의 부르심의 소망이 무엇이며 성도 안에서 그 기업의 영광의 풍성함이 무엇이며 엡 1:17,18

바울이 말하는 '그의 부르심의 소망'이 의미하는 것도 로마서 12장 2절의 '하나님의 선하시고 기뻐하시고 온전하신 뜻'이다.

하나님의 부르심에 소망이 있다. 소망을 소원이라는 말로 표현해도 좋을 것 같다. 아이들을 키우는 부모라면 모두 자녀에 대한 어떤 소망, 소원함을 가지고 있다. 그 소원이 너무 과해서 문제가 되기도 하지만 자녀에 대한 소원은 자연스러운 부모의 마음이다.

하나님은 우리에게 부모를 주시고 가정을 주셨다. 우리는 부모로부터 하나님 아버지를 배우고 살아가게 만들어졌다. 하지만 나는 가정에서 이런 것을 보고 배우지 못했다. 도리어 그와는 반대로 반항과 미움과 거절 등을 가정에서 겪은 내 어린 시절이었다. 그러다 하나님을 만나서 그분이 나를 향해 가지고 계시는 소망을 발견했다. 나를 향한 하나님의 소원, 그것을 만나는 순간 나는 새로운 세계로 들어서게 되었다.

내 삶을 향한 하나님의 뜻, 하나님의 소망은 무엇일까? 우리의 영원한 아버지이신 하나님이 각 사람에게 가지고 계신 기쁘신 뜻은 무엇일까? 우리를 통해서 이루고자 하시는 것이 무엇일까? 이 고민은 우리 인생 최대의 기도제목이 되어야 할 것이다.

분별을 가로막는 고정관념

바울은 우리가 그것을 알 수 있기를 기도했다. 그는 먼저 "지혜와 계시의 영을 주사"라고 기도한다. 이 지혜는 세상이 주는 것이 아니라 하나님께로부터 나온다. 계시의 정신은 계시의 영이라고도 말하는 것으로, 성령의 계시를 의미한다. 즉 성령께서 우리에게 계시하신다. 우리는 그 계시를 통해서 하나님의 뜻을 분별한다. 하지만 때로는 아무리 많은 계시를 주어도 깨닫지 못할 때도 있다.

우리가 무엇인가를 분별하는 것을 방해하는 몇 가지 요소가 있다. 그 첫 번째가 '고정관념'이다. 이것은 다른 말로 '편견'이라고도 할 수 있다. 고정관념은 편견을 만들고, 편견은 우리의 행동에 큰 영향을 미친다.

편견은 사람들의 성장 환경에 의해 만들어지는 경우가 많다. 우리가 초등학교 1학년 학생들을 대상으로 두 장의 사진을 보여준다고 하자. 한 장에는 수염이 덥수룩하게 난 험상궂은 얼굴의 사람이 있고, 다른 한 장에는 말끔한 머리에 깨끗한 양복을 입은 사람이 있다고 하자. 그리고 둘 중 누가 나쁜 사람처럼 보이냐고 물어본다면, 아이들은 아마 고민하지 않고 험상궂은 사람을 지목할 거다. 누가 가르쳐주지 않았어도 아이들에게는 험상궂은 얼굴을 가진 사람이

나쁜 사람으로 인식되어 있기 때문이다. 아마 우리도 그렇게 답했을지 모른다.

그런데 요즘 뉴스들을 자세히 보라. 나쁜 사람들이라고 나오는 사람들은 오히려 말끔하고 깨끗하게 생긴 사람들이 대부분이다. 즉 어디서부터인지는 알 수 없지만 우리는 머릿속에 어떤 것에 대한 편견을 가지고 살고 있음을 인정할 수밖에 없다.

편견과 고정관념은 나이가 들수록 더 강하고 견고해진다. 한 번 입력된 고정관념은 잘 바뀌지 않는다. 어떤 사물이나 인물에 대한 고정관념은 오랫동안 우리의 머릿속에서 자라나 깊게 자리를 잡기에 그것을 바꾸기가 여간 어렵지 않다.

고정관념은 주로 부정적인 경험을 할 때 빨리 자리 잡는다. 우리는 살면서 원하든 원하지 않든 많은 상처를 경험한다. 힘이 없을 때, 어릴 때 겪게 되는 상처는 아픔으로 우리에게 남고, 그것이 자라면서 고정관념을 만들게 된다. 이런 것들이 편견으로 바뀌어 우리의 행동에 부정적인 영향을 주고, 이런 부정적 고정관념 위에 말씀이 뿌려지면 그 말씀이 온전히 우리의 삶을 지배할 수 없게 된다. 그렇기에 하나님의 말씀이 온전히 우리를 지배하게 하려면 우리의 고정관념, 즉 부정적 편견을 뽑아내야 한다.

창세기에 우리가 잘 아는 아브라함이 나온다. 후손들은 그를 향해 '믿음의 조상'이라고 부른다. 아브라함은 하나님이 그분의 민족을 준비하시기 위해 불러 세우신 특별한 사람이다. 그런 아브라함이 아내 사라와 함께 부르심의 여행을 하면서 애굽을 지나게 되었을 때, 한 사건이 발생한다.

그가 애굽에 가까이 이르렀을 때에 그의 아내 사래에게 말하되 내가 알기에 그대는 아리따운 여인이라 애굽 사람이 그대를 볼 때에 이르기를 이는 그의 아내라 하여 나는 죽이고 그대는 살리리니 원하건대 그대는 나의 누이라 하라 그러면 내가 그대로 말미암아 안전하고 내 목숨이 그대로 말미암아 보존되리라 하니라 창 12:11-13

이 이야기를 듣고 있노라면 아브라함이 정말 하나님이 부르신 사람이 맞는가 하는 생각이 든다. 그가 믿음의 조상이라면, 최소한 자기의 아내를 누이라고 속이면서까지 목숨을 부지하고 싶어 해서는 안 될 것 같다. 그것도 한 번도 아니고 두 번이나 같은 행동을 반복한 것을 보라.

아브라함에게는 애굽에 대한 고정관념이 있었다. 아브라함이 아는 애굽 사람들은 이미 결혼을 했더라도 아내가 아름다우면 남편을 죽이고 아내를 차지할 수 있었다. 애굽은 하나님을 경외하지 않는 나라였다. 사람들은 경건하지 않았고, 성적으로도 아주 타락해 있었다. 도덕적 사고방식이 통하지 않았다.

아브라함이 가족들을 데리고 이런 애굽을 통과해야 했을 때, 아마도 많은 고민과 생각을 했을 것이다. 그러나 애굽에 대한 편견과 두려움이 엄습하자 그 고정관념을 이기지 못했다. 그가 자기의 목숨을 부지하기 위해 내린 결론은 아내를 누이라 속이는 것이었다. 하나님을 경외하던 천하의 아브라함도 자기가 가지고 있던 애굽에 대한 편견을 이기지 못했다.

이런 걸 보고 '믿음 따로, 편견 따로'라고 말할 수 있을 것이다. 하나님에 대한 믿음이 깊은 사람이라도 그 속에 어떤 편견이 자리 잡고 있다면 그 편견은 오래도록 믿음의 삶에 영향을 준다. 아이러니하게도 아브라함이 가지고 있던 애굽에 대한 편견은 그 아들 이삭에게까지 이어져 이삭도 그의 아내 리브가를 누이라고 속이는 일을 반복한다.

이삭이 그랄에 거주하였더니 그곳 사람들이 그의 아내에 대하여 물으매 그가 말하기를 그는 내 누이라 하였으니 리브가는 보기에 아리따우므로 그곳 백성이 리브가로 말미암아 자기를 죽일까 하여 그는 내 아내라 하기를 두려워함이었더라 창 26:6,7

실제로는 아브라함에게나 이삭에게 우려하던 일이 일어나지 않았다. 하나님이 환상을 통해서 사라가 아브라함의 아내임을 밝히셨고, 사라를 취하려 했던 왕들은 두려움에 떨었다. 하나님은 우리의 고정관념이 얼마나 많은 실수와 잘못된 분별을 만드는지 보여주신다.

우리가 살아가는 사회에서도 편견은 사람들의 생각을 무섭게 사로잡는다. 그리고 어떤 사람들이나 사물이나 상황에 부딪히기도 전에 미리 뭔가를 판단하고 그에 대한 행동을 결정짓는다.

바리새인과 사두개인의 교훈을 삼가라

우리가 많이 가지고 있는 고정관념에는 어떤 것이 있을까? 우리가 잘 아는 "지성이면 감천이다"라는 말을 예로 들어보자. 이 말은 사람에게 역경이 닥쳐온다 할지라도 정성을 다하며 꿋꿋이 살아가면 하늘이 감동하여 복을 내려준다는 의미를 담고 있다. 우리 부모님 세대 이전부터 가난하고 어려운 삶을 살았던 사람들 사이에서는 이 말이 힘과 위로를 주었다.

우리가 생각하는 '복'은 이런 것이다. 우리의 힘으로 인생역전이 가능하고, 그 인생역전의 중심에는 세상이 말하는 복이 있다. 우리가 생각하는 복은 성공하는 것이고, 많은 부를 얻는 것이고, 원하는 것을 이루는 것이다. 그래서 우리나라 사람들은 복 받기를 바란다. 복을 빌 수 있다는 것이 예수를 믿는 가장 큰 동기라는 사실을 부인할 수 없다.

교회를 다니는 사람들도 "복을 받는다"라는 말을 제일 좋아한다고 한다. 예수를 믿으면 복을 받는다. 틀린 말은 아니다. 우리에게 복을 주신다는 하나님의 약속은 분명하다. 그러나 성경에서 말하는 복을 물질과 성공, 만사형통으로만 생각하게 되면 문제가 생긴다.

예수님을 믿음으로 인생역전을 꿈꾼다면 우리는 예수님을 잘못 믿고 있는 것이다. 예수님은 우리의 신분을 높이고 인생역전을 이루어주기 위해 오신 분이 아니다. 가장 가난한 자리에서 인간을 섬기다 십자가에 달리신 그분의 삶이 보여주듯, 예수님을 믿는다는 것은 이 땅의 부와 명예보다는 우리가 가게 될 그 땅에서의 상급을 위해 사는 삶을 말한다.

예수님을 잘 믿고 그분의 제자로 살아간 사람 중에 세상에서 말하는 복을 받으며 인생역전에 성공한 사람은 생각보다 많지 않다. 예수님의 제자들은 자기의 가족이나 세상의 가치를 뒤로 하고 오직 복음을 위해 자기의 목숨까지 드렸다. 여기에 진정한 복이 있는 것이다.

교회에서 중직을 맡게 되면 이상한 고정관념이 생긴다. 바로 권위에 대한 것이다. 높은 자리에 앉게 되면 목이 곧아지고 몸이 부자연스러워진다. 사람들에게 존경받는 것을 좋아하지만 그 존경에 걸맞은 겸손은 찾아보기가 어렵다.

이처럼 믿음의 삶에 대해 오해하고 있는 수많은 편견들이 우리를 감싸고 있다. 불편한 진실은 그런 고정관념들이 우리에게 하나님에 대해서까지 잘못된 믿음을 심어준다는 사실이다.

예수님은 제자들에게 바리새인과 사두개인의 교훈을 삼가라고 누차 말씀하신다. 그들은 자신이 하나님을 알고 섬긴다고 믿고 있었지만 실상은 하나님보다 자신이 보고 배운 교훈에 지배받고 있었다. 그들은 고정관념의 영향 아래 있었던 것이다.

그들의 신앙은 자신의 이익을 위해 만들어 놓은 자신들만의 신앙이었다. 그 안에는 하나님도 메시아도 없었다. 그런 믿음을 가지고 백성들을 가르치니, 그 가르침이 하나님을 대적할 수밖에.

나다나엘이 이르되 나사렛에서 무슨 선한 것이 날 수 있느냐 빌립이 이르되 와서 보라 하니라 요 1:46

나다나엘은 예수님에 대해 말하는 빌립의 이야기를 듣자마자 이렇게 반응했다. "나사렛에서 무슨 선한 것이 날 수 있는가?" 이것이 나사렛 사람에 대한 그의 고정관념이었다.

사실, 나사렛은 정말 촌 동네였다. 좋은 교육을 받을 수 있는 환경도 아니었고, 부자들이 사는 곳은 더더욱 아닌 동네, 있어도 그만, 없어도 그만인 동네였다. 예수님이 그런 허름한 동네 출신이라는 생각에 나다나엘 역시 아무런 기대도 하지 않는다.

편견은 이렇게 우리를 오해하게 한다. 진실을 보기보다는 듣고 경험했던 것을 믿어버린다. 예수님은 그런 나다나엘을 보시고 그 속에 간사한 것이 없다고 하셨다. 간사함이 없는 사람도 잘못된 편견을 가지고 살고 있다면 그렇지 않은 사람들은 오죽하겠는가?

예전에 교육방송에서 사람들의 사회적 편견에 대해 여러 가지로 실험하는 것을 본 적이 있다. 프로그램 담당자는 몇몇 사람들을 실험 대상자로 소집하여 한 장소에 모이게 한다. 그중에 한 사람이 연기자인데, 아주 평범한 동네 아저씨처럼 옷을 입고 있다. 서로 다른 곳에서 모인 사람들은 아무것도 모른 채 이런저런 이야기를 나눈다. 이야기 중간에 연기자 아저씨가 몇 마디 끼어들어 거들었지만 사람들은 이 분의 옷차림을 한 번 훑어보고는 더 이상 상관하지 않았고 말을 들어보려고도 하지 않았다.

그때 연기자에게 전화 한 통이 걸려오고 연기자는 통화 내용을 다른 사람들이 들을 수 있도록 큰 소리로 말했다. 통화의 내용은 연기자가 이번에 어느 유명한 대학에 학장으로 진급했다는 내용이었고, 그 내용을 들은 다른 사람들은 갑자기 연기자 주위에 모여들면서 다른 태도를 보인다. 그리고 연기자의 말을 경청하기 시작한다.

편견은 태도를 결정한다

다시 말하지만 편견은 하나님에 대한 우리의 믿음에까지 영향을 준다. 사도행전 10장에는 백부장 고넬료가 나온다. 고넬료는 이방인이었지만 그에게는 하나님을 경외하는 마음이 있어서 기도와 구제를 남다르게 하고 있었다. 비록 율법적 태도를 가지고 있기는 했지만 그의 기도와 구제는 하나님이 기억하시는 바가 되었다.

고넬료는 성령을 모르는 사람이었지만, 하나님은 이 사람의 기도와 구제, 즉 하나님에 대한 그의 경건한 반응과 태도를 보신 것이다. 우리는 이 말씀을 통해 하나님이 이방인들에 대해 가지고 계시는 소망과 기대를 확인할 수 있다.

하나님은 환상을 통해 고넬료에게 베드로를 초대하라고 말씀하신다. 고넬료는 어디서 무엇을 하는지도 모르는 베드로란 사람에 대해 주신 말씀을 의심하지 않는다. 환상을 통해 들은 모든 말씀을 그대로 받아들인다. 고넬료에게 이 환상이 주어짐과 동시에 베드로에게 또 다른 환상이 임한다.

> 하늘이 열리며 한 그릇이 내려오는 것을 보니 큰 보자기 같고 네 귀를 매어 땅에 드리웠더라 그 안에는 땅에 있는 각종 네 발 가진 짐승과 기는 것과 공중에 나는 것들이 있더라 또 소리가 있으되 베드로야 일어나 잡아 먹어라 하거늘 베드로가 이르되 주여 그럴 수 없나이다 속되고 깨끗하지 아니한 것을 내가 결코 먹지 아니하였나이다 한대 또 두 번째 소리가 있으되 하나님께서 깨끗하게 하신 것을 네가 속되다 하지 말라 하더라 이런 일이 세 번 있은 후 그 그릇이 곧 하늘로 올려져 가니라 행 10:11-16

여기에 베드로의 고정관념이 나온다. 하늘에서 내려온 짐승들은 아마도 인간이 잡아먹을 수 없는 것들이거나 율법에서 말하는 부정한 동물들이었을 것이다. 베드로가 어디서 어떻게 배웠는지 모르지만 그는 하늘에서 내려진 것에 대해서 한눈에 알 수 있었고, 곧바로 자신은 속되고 깨끗하지 않은 것을 먹지 않았다고 응답한다.

베드로가 이 고정관념을 가지고 살아온 시절이 짧지 않을 것이다. 베드로뿐만 아니라 유대인이라면 누구라도 베드로와 같은 입장에서 같은 대답을 했을 것이다.

한 가지 의문이 있다면 다른 사람도 아닌 베드로, 즉 예수님의 최측근 제자이고 누구보다도 사랑을 받은 제자인 베드로가 예수님과 함께한 그 세월에도 불구하고 여전히 자기의 고정관념에 강하게 잡혀 있다는 것이다.

베드로는 예수님을 따라다니면서 예수님의 모든 것을 옆에서 배우고 지켜봤다. 예수님은 공생애 기간 동안 유대인들만 만나고 다니신 게 아니다. 성경 구석구석에는 이방인들과 함께 식사하시고, 그들의 이야기를 들어주시고, 심지어 복음이 전해지는 모습들이 담겨 있다. 베드로는 예수님을 통해서 이방인들이 어떻게 하나님을 경험하는지 보았다. 또한 예수님은 이방인들이 구원을 받을 것에 대한 메시지를 숨기지 않고 드러내 말씀하셨다.

그럼에도 불구하고 베드로는 아직도 고정관념에 매여 있었다. 그것은 이방인들은 접촉할 수 없는 사람들이라는 것이다. 이방인들은 하나님의 민족이 아니기에 복음을 받을 수도, 전할 수도 없는 민족이라는 것이다. 이방인에 대한 베드로의 고정관념은 그들이 속되고 깨끗하지 않다는 편견을 낳았고, 하나님은 그 편견을 깨뜨리신다.

베드로의 고정관념이 깨져야만 하나님의 제자로 더 구체적이고 완전하게 복음을 전할 수 있음을 아셨기 때문이다.

환상을 통해서 하나님은 베드로에게 정확하게 말씀하신다.

"하나님께서 깨끗하게 하신 것을 네가 속되다 하지 말라."

하나님은 한 번이 아니라 세 번이나 동일한 상황을 보이며 말씀하셨다. 베드로 안에 있는 편견이 얼마나 강했는지를 알 수 있다.

하나님의 환상을 경험했음에도 완전히 깨지지 못한 편견을 가진 채로 베드로는 조심스럽게 고넬료의 집에 방문한다. 고넬료는 베드로에게 자신이 본 하나님의 환상에 대해 설명한 후에 베드로의 말씀을 듣고자 한다. 베드로는 자신이 말씀을 전할 때 성령이 모인 사람들 속에 임하는 것을 보게 된다. 성령을 받기 위해 기도하는 중이 아니라 말씀을 전하는 중에 성령이 임한 것은 베드로에게도 독특한 경험이었을 것이다. 베드로는 자신의 눈으로 그 증거를 확인한 후에야 참으로 하나님은 사람을 외모로 취하지 아니하시며 나라 중 하나님을 경외하며 의를 행하는 사람을 받으시는 줄 깨달았다고 한다. 이럴 때 우리는 편견에서 자유로워질 수 있다.

예수님과 3년을 같이 다니면서도 이 깨달음을 갖지 못했던 베드로가 비로소 하나님이 외모로, 즉 출신이나 배경, 학력 등으로 사람을 취하지 않으신다는 것을 알게 된 것이다. 베드로에게 있었던 이방인에 대한 고정관념과 편견이 깨지는 순간이다.

지금 우리에게는 학벌에 대한 편견이 있다. 지역에 대한 고정관념,

외모에 대한 고정관념, 직업에 대한 고정관념이 있다. 교회에 대한 고정관념과 사회에 대한 고정관념도 있다. 우리가 그 고정관념들에 지배당하면 사람들을 차별하기도 하고 판단하기도 하며 하나님을 오해하고 정확히 볼 수 없다. 너무나 슬픈 일이다.

에베소서에서 말하는 "너희 마음의 눈을 밝히사"는 하나님이 우리를 깨닫게 해주시길 바라는 간구다. 우리의 깨달음을 통해서 그 마음에 있는 고정관념과 그것으로 인한 편견에서 자유로워지길 구하는 것이다. 각 사람마다 자기의 자라난 배경을 통해서 자리 잡게 된 수많은 고정관념과 편견이 하나님의 말씀과 그분의 은혜로 깨어지지 않는다면 우리는 절대로 하나님의 뜻을 분별할 수 없다. 이것은 열방에 대한 하나님의 뜻을 이루는 데 필요한 단계이기도 하다.

상황의 힘을 이겨내라

하나님의 뜻을 분별하기 위해서 거쳐야 할 또 한 가지는 '상황의 힘'을 이기는 것이다. 상황의 힘이란 어떤 상황과 맞닥뜨렸을 때 동일한 상황에 처한 다수의 사람들이 요구하는 결론에 영향을 받아 그들과 똑같이 행동하는 것이다. 다시 말하면 어떤 상황에 들어갔을 때 그 상황이 주는 힘 앞에 굴복해서 나도 그 상황의 한 사람이 되는 것을 말한다.

방 안에 사람들을 앉혀놓고 어떤 문제를 공개적으로 풀게 했다고 하자. 앞서 대답을 한 사람들이 모두 잘못된 답을 말했고, 마지막 사람은 그것이 잘못된 답이라는 것을 알고 있다. 그러면 마지막 사람은 앞의 답들이 잘못되었음을 밝히며 정답을 말할까? 생각보다 힘들 것이다. 결국 마지막 사람도 다수의 의견에 묻혀 잘못된 답을 말한다.

우리 모두는 그런 사람이 아니라고 말할지 모르지만 실질적으로는 그렇지 않다. 이것이 상황의 힘이다. 분명히 옳지 않다는 것을 알지만 그 상황을 거부하면 공동체에서 외톨이가 될 거라는 불안감이 밀려온다. 다수의 사람들이 만들어 놓은 결론에 부합해야 문제없이 살아갈 수 있다는 압박감이 작용하는 것이다.

믿는다는 우리도 이런 상황의 힘에 의해 살아가고 있는 것은 아닌지 모르겠다. 교회를 들여다보면 하나님의 생각이 아닌 사람의 생각이 상황의 힘을 만들어 교회를 운영하는 모습을 보게 된다. 다수가 맞다고 하면 그것이 결론으로 결정되면서 소수의 사람들이 어려움을 겪게 되는 경우도 있다.

그러나 자신의 소신보다 다른 사람들의 힘에 의해 살아가면 하나님의 음성과 뜻을 분별할 수 없게 된다. 그렇다고 공동체 안에서 자신의 생각만이 옳다고 주장하는 사람이 되어야 한다는 말이 아니다. 공동체의 흐름을 잘 알면서도 그 속에서 자기의 소신을 지혜롭게 표현하며 영향을 줄 수 있어야 한다. 각 상황마다 그것이 하나님으로부터 온 것인지 사람들이 자기의 이익을 위해 만들어가는 것인지를 알아야 한다.

예수님이 예루살렘 성에 입성하실 때 많은 유대인들이 그분을 존경하며 환영했다. 하지만 정작 예수님이 빌라도에게 재판을 받고 십자가를 지게 되셨을 때, 그들은 무엇을 했을까? 그들 중 많은 사람은 예수님의 말씀을 듣고 삶이 변하기도 하고 병을 치료받기도 했을 것이다. 예수님이 예루살렘 성에 입성하셨을 때는 자기의 옷을 깔고 호산나를 외쳤다. 그런데 지금은 아무도 없다. 어딘가에서 예수님을 지켜보고 있을 것이면서도 예수님을 옹호하거나 변호한 사람은 한 사람도 없었다. 예수님의 제자들까지도 예수님을 버리고 도망쳤다.

상황의 힘에는 정말 힘이 있다. 사람들을 굴복시키는 힘이다. 당시 예수님을 따르는 모든 사람들은 그 무서운 상황의 힘 앞에서 아무 말도 하지 않았다. 그들은 이미 세상이 만들어놓은 상황의 힘에 지배를 받고 있었고, 그 상황을 이길 힘이나 믿음이 없었다.

상황의 힘을 이겨내는 또 다른 힘

남의 나라 이야기만은 아니다. 우리나라도 일제의 지배를 받던 시절 한국 기독교계에 역사로 남을 치욕적인 사건을 경험했다. 바로 신사참배다. 수많은 기독교 성직자들이 일제의 신사참배 강요를 이길 수 없었다.

일본은 압제와 핍박을 앞세워 한국의 기독교를 박해하고 자기들의 우상을 향해 절하도록 힘으로 종교를 지배했다. 이 일로 한국 기독교 안에서도 어쩔 수 없다며 타협하는 이들이 생겼고, 그 타협이 정당성을 만들어 상황의 힘을 조성했다. 살아남기 위해서 일본의 힘 앞에 굴복해 신사참배를 할 수밖에 없는 상황이 만들어진 것이다.

지배하는 힘과 지배받는 힘의 차이는 비교할 수 없다. 지배자들은 언제든 자신들이 원하는 상황을 만든다. 그리고 자신들이 원하는 대로 이뤄지지 않으면 권력이나 세력을 동원해 힘을 만든다. 그렇게 해서 결국 자신들이 원하는 상황으로 몰아간다.

일제 시대의 신사참배는 한국 기독교에 큰 도전을 남겼다. 신사참배를 하고 고난을 감면받겠는가 아니면 신사참배를 부인하고 고난을 감수하겠는가? 이 두 가지 도전 앞에 한국 기독교는 선택을 해야 했다.

나는 그 시대 일제의 압박과 핍박을 경험하지 못했다. 그 큰 힘 앞에 서보지 않았다. 그 압박과 도전이 얼마나 크고 강하고 두려운지 잘 모른다. 신사참배를 하지 않으면 더 이상 기독교도 교회도 성도도 존재할 수 없을 것 같은 상황이었을 것이다. 고문과 수감생활을 감수해야 하고 가족들도 고통을 피해갈 수 없었다. 결국 한국 기독교는 일본의 강압에 못 이겨 성명서를 낭독한다. 성명서의 내용은 대략 이렇다.

"우리 목사들은 신사참배가 종교적인 신앙문제도 아니요 기독교 교리에 위반되는 것도 아니라고 이해하고 신사참배가 애국적 국가

의식임을 자각해서 이에 신사참배를 솔선 이행할 뿐만 아니라 더 나아가 국민정신 총동원에 참가하여 비상시국 하에서 대일본제국의 황국신민으로서 충성을 다하기로 맹세합니다."

내가 그때 그들 중에 있었다면 나는 어떻게 했을까? 나는 이 성명서를 낭독하는 자리에 있었을까, 아니면 수감자의 자리에 앉아 있었을까?

자신할 수 없다. 그때와는 비교도 할 수 없는 편안한 삶의 자리에서 아픈 기독교 역사를 읽으며 무조건 당시의 사람들을 비난할 수는 없다. 지금 이 땅에 사는 기독교인들 중에 그때와 같은 상황에 처한다면 버틸 수 있는 사람이 얼마나 될까? 오히려 그때보다 더 많은 사람들이 성명서를 낭독하는 자리에 있지 않을까?

현재 한국 교회에는 신사참배처럼 눈에 보이는 핍박은 없다. 하지만 세상의 힘 앞에서 세상이 요구하는 대로 살아가면서도 스스로는 세상을 참배하고 있음조차 모른 채 살아가는 세대가 아닐까 싶다. 당시에는 보이는 것을 참배했지만 지금은 보이지 않는 것을 참배하며 살아가고 있다.

그러나 신사참배의 이런 아픔 옆에 또 한 무리의 사람들이 있었다. 그들은 끝까지 일제의 힘 앞에 굴복하지 않았다. 그분들 중에서 주기철 목사님은 우리에게도 잘 알려진 분이다.

목사님은 신사참배를 하지 않는다는 이유로 몇 번의 옥고를 치르셨다. 목사님은 자신과 같이 신사참배를 하지 않는다는 이유로 수감되어 있는 분들이 있었고, 매일같이 고문을 못 이기고 죽어나가는 사람들, 추위와 두려움 때문에 하루하루를 처절하게 살아가는 사람들을 보았다고 말씀하셨다.

나는 주기철 목사님의 일대기를 읽고나서 한동안 손에서 책을 놓지 못했다. 손이 떨리도록 온몸에 전율이 흘렀다. 신사참배를 반대하고 끝까지 그 앞에 절하지 않기 위해서 그 분은 자신의 목숨과 가족들의 인생과 교회와 성도들의 미래를 포기하셨다. 내가 읽은 글 중에 이런 내용이 있었다.

"육체적인 고통은 그래도 견딜 수가 있었는데 정신적 고독감은 정말 견기기가 어려웠다. 70여 명의 동지가 하루아침에 다 잡혀왔고 하룻밤 자고 나면 한 동지가 두 손을 번쩍 들고 일본에 항복하곤 했다. 또 하룻밤 자고 나면 또 나가버리고, 12월이 다 돼 가니까 수많은 동기가 다 나가버리고 마지막 네 명이 남아 끝까지 항거했는데 그때 받았던 정신적인 고독감과 외로움은 정말 견디기 힘들었다."

어떻게 이런 삶을 살 수 있었을까? 결국 목사님도 인간이신데, 아픔과 고독과 처절함과 정을 아는 사람이셨는데, 어떻게 이 길을 가실 수 있었을까? 감옥에서 함께 끌려온 사람들은 하루가 멀다 하고 일본에 항복하고 그 육체의 고통에서 자유로워졌다. 그것을 지켜보는 고독감은 경험해보지 못한 사람은 이해할 수 없을 거다.

"사람이 제 몸의 고통은 견딜 수 있으나 부모와 처자식을 생각하면 철석같은 마음이 깨지는 경우가 허다합니다. 어린 자식이 우는 소리에 순교의 길에서 돌아서는 자 또한 많이 있습니다. 이 육신에 얽힌 정에서 나를 풀어주시옵소서.”

목사님은 괴로워하셨다. 병든 아내와 늙은 어머니 그리고 어린 자녀들의 비통한 울부짖음을 듣는 남편으로, 아들로, 아버지로서의 목사님은 죽음보다 고통스러운 자리에 앉아 있었다.

모든 사람들이 당시 지배자의 힘, 권력의 힘, 상황의 힘 앞에 놓여 있었다. 처음에는 아마도 많은 사람들이 이 불공정한 힘 앞에 대항하고 싸움을 시도했을 것이다. 그러나 한 번 넘어지고, 또 한 번 넘어지면서 이제는 상황 앞에 굴복하기 시작한다. 지배를 받는 사람들의 힘은 한계가 있다. 그러나 어떤 사람들은 그 한계에서도 하나님을 바라본다. 상황의 힘을 넘어 하나님의 힘을 의지하는 것이다.

주기철 목사님도 그런 분 중에 한 분이셨다. 상황의 힘에 굴복하지 않는 하나님의 사람. 하나님의 사람은 상황의 힘 앞에서 당당하다. 그 당당함 뒤로는 희생이라는 이름이 따라온다. 목사님은 우리에게 타협이 아닌 하나님을 선택하는 삶이 어떤 것인지 보여주셨다.

목사님이 쓴 다섯 가지 기도제목이 오늘을 살아가는 우리에게는 그다지 와 닿지 않을 수도 있다. 그러나 사람들이 신앙을 잃어갈 때 읽어보면 좋은, 너무도 처절한 하나님의 사람의 희생과 순교의 고백이다. 목사님의 기도제목은 이것이었다.

1. 죽음의 권세를 이기게 해주십시오.

죽음 앞에 있는데 죽음이 두려워 주님을 배신하지 않도록, 죽음이 무서워 주님을 떠나지 않도록 하옵소서. 일사각오가 있사오니 목숨이 아까워 우리 주님을 부인하지 않게 하소서. 사망의 권세에서 나를 이기게 하옵소서.

2. 장기간의 육체적 고통에서 나를 승리하게 해주십시오.

칼로, 불로 지지는 형벌이라도 한 번, 두 번이라면 내가 어떻게 참고 견디겠으나 한 달, 두 달, 6개월, 1년, 10년… 이런 장기적인 고통이라면 나 같은 연약한 사람은 도저히 견딜 수가 없습니다.

그것도 절대 면할 수 없는 형벌이라면 어쩔 수 없이 당해야겠지만, 지금이라도 내 말 한 마디면, 내 고개 한 번 까닥하면 이 무서운 고통을 면할 수 있을 거라 생각될 때, 내가 어찌 이 유혹에서 이겨낼 수 있겠습니까?

이제 내가 받는 이 고난은 아무리 오래가야 70세이고 장차 받을 내 영광은 영원하신 주님과 영원히 영생불사 할 것이니, 오직 주님의 십자가만 바라보고 이 고난을 이기게 하옵소서.

3. 나의 어머니와 아내와 아이들을 주님께 부탁드립니다.

나에게는 80세 노모와 병든 아내 그리고 네 명의 자녀들이 있습니다. 아내는 병에 약한 사람으로 일생을 나를 위해 바쳐주었는데, 나는 남편으로서 사명을 다하지 못하고 아비로서 자식을 키우고 돌보는 그 의무마저 저버릴 수밖에 없습니다.

짐승도 제 새끼를 사랑할 줄 아는데 이 어린 자식들은 두고 죽음의 길을 가야 할 이 맘 끝없이 힘들고 어렵습니다. 자비하신 내 주님께 기도하오니 인정의 줄이 내 길을 얽매지 않게 되기를 기도합니다. 순교의 용기를 저에게 주옵소서.

4. 의에 살고 의에 죽게 하옵소서.

우리의 선조들은 나라사랑과 임금사랑으로 자신의 목숨을 초개같이 드렸는데 그리스도인 되어 우리 주님 향한 일편단심 변할 수가 있겠습니까. 이 몸이 어려서 주님에게 자랐고 예수님 앞에 헌신하기로 맹세하였는데 어떤 환난이나 곤고나 핍박, 적신이나 위험이나 칼도 그리스도의 사랑에서 끊을 수 없사오니 오직 의에 살고 의에 죽을 수 있게 하옵소서.

5. 내 영혼을 내 주께 부탁합니다.

감옥이든 사형장이든 내 목숨이 끊어질 때 주님 내 영혼을 받아주옵소서.

마지막으로 투옥되시기 전, 성도들을 향한 설교에서는 이렇게 말씀하셨다는 기록이 있다.

"성도 여러분, 우리는 살아도 그리스도인답게 살고 죽어도 그리스도인답게 죽어야 합니다. 죽음이 두려워 예수를 저버리지 마십시오. 풀의 꽃과 같이 시들고 떨어지며 끝나버릴 이 목숨을 아끼다가 지옥에 떨어지면 영원한 것을 잃어버립니다. 내가 죽는 것을 슬퍼하지 마십시오. 나는 내 주님밖에 다른 신 앞에서 무릎을 꿇고는 살 수가 없습니다. 비겁하게 사느니 차라리 죽음으로 주님을 향한 나의 정절을 지키고자 합니다."

몇 번을 읽어보아도 나는 목사님의 발가락도 닮을 수 없음을 느낀다. 그 분의 삶을 흉내도 낼 수 없다. 결국 목사님은 해방을 보지 못하고 순교하셨다. 이것이 소신의 힘이다.

진리에 순종함으로 승리하라

상황의 힘이 세상에서 나온다면 소신의 힘은 하나님께로 나온다. 이 소신의 힘은 우리의 고정관념이나 편견에서 만들어지지 않는다. 만일 소신의 힘을 세상에서 얻을 수 있다면 우리는 세상에서 소신의 힘을 찾게 될 것이다. 그러나 세상이 진리가 아니기에 이 소신은 사람의 소신일 뿐이다.

진정한 소신은 우리가 믿고 따르는 진리를 내 인격이 만났을 때 얻게 된다. 그것은 바람 따라 흘러가는 돛단배의 소신이 아니다. 내가 가야 하고 해야 하고 알아야 할 것을 명확하게 알고, 가야 할 길에서 흔들리지 않는 것을 말한다. 진리를 온몸으로 받아들여 그것으로 삶의 기준을 삼는 것을 말한다.

이러한 소신의 힘이 상황의 힘을 이길 수 있다. 소신이 없는 사람은 절대로 하나님의 뜻을 분별할 수 없다. 우리는 왜 소신을 잃고 사는가? 무엇이 우리의 소신을 빼앗아가고 있는가? 왜 우리는 여전히 냄비처럼 쉽게 끓고 쉽게 식는가? 진정한 진리를 만나지 못했기 때문이다. 희생을 두려워하는 마음 때문이다.

주기철 목사님은 오늘날의 교회와 성도들에게 세상을 참배하도록 만들어 놓은 상황의 힘을 어떻게 이길 수 있는지 가르쳐주고 계신다. 여전히 세상이 말하는 가치와 의미를 붙들고 살아가는 사람들을 향해 외치고 계신다. 진리를 만난 소신의 힘이 얼마나 큰 역사를 만들어 가는지 우리에게 보여주신다.

목사님은 오직 하나님께만 순종하셨다. 그를 복종시키려는 수많은 세력과 힘이 있었다. 권력과 폭력 그리고 협박과 타협 모든 것이 동원되었지만 목사님의 순종을 이긴 것은 아무것도 없다. 그 어떤 것도 하나님에 대한 목사님의 순종을 굴복시키지 못했다. 오직 하나님의 말씀, 그 말씀에 순종하셨고, 그 순종이 또한 소신의 힘을 만들어 냈다.

예수님도 세상의 권력과 상황의 힘을 이기셨다. 그분은 철저히 우리와 같은 인간의 몸으로 이 상황들에서 승리하셨다는 사실을 기억하자. 이 엄청난 싸움을 포기하거나 타협하지 않으셨다. 모든 사람들이 돌을 들 때에도 그 돌을 피해가지 않으셨다. 예수님은 희생이라는 옷을 입고 자기를 압도하는 상황의 힘을 이기셨다.

희생이 없이는 상황의 힘에서 자유로울 수 없다. 희생은 고통과 아픔을 동반하지만 그 안에는 세상이 감당할 수 없는 힘이 숨어 있다. 희생은 우리를 집어 삼키려는 온갖 지배의 힘에서 우리를 온전하게 한다.

상황의 힘에 굴복해야 부자가 될 수 있다면 차라리 가난을 선택하는 게 좋다. 상황의 힘에 의해서만 성공할 수 있다면 차라리 서민으로 사는 게 낫다. 우리는 세상을 따라가는 사람들이 아니라 세상을 이끌어가는 사람들이어야 한다. 세상이 우리를 닮아가도록 해야 한다.

주기철 목사님이 소신의 힘으로 기다려온 그 간절한 소망의 기도는 목사님이 순교하신 후에 이루어졌다. 그리고 그 열매는 오늘의 우리가 얻고 있다.

'오늘 나는 어떤 소신을 붙들고 있는가?'

자신을 점검해볼 때이다.

13

하나님의 꿈을 꾸는
사람들

*

다윗은 이새의 집에서 막내였다. 하나님은 다윗을 선택하시고 그에게 기름 부어 이스라엘의 2대 왕으로 삼을 것을 결정하셨다. 여기서 나는 한 가지 의문이 들었다.

'왜 요나단이 아니고 다윗인가?'

사울이 초대 왕이었으니 그의 아들 요나단은 사울의 뒤를 이어 왕으로 부임할 수 있었다. 게다가 요나단은 사울과 같지 않았다. 그는 아버지 사울의 불순종을 따르지 않고 하나님을 두려워하며 공의와 정직을 아는 건강한 청년이었다.

그런데 왜 하나님은 사울의 아들 요나단이 아닌 시골 촌 동네의 이름도 없는 한 가정의 막내를 이스라엘의 2대 왕으로 선택하셨을까? 그 이유가 성경에 자세히 나오지 않기에 요나단이 아닌 다윗에게 무슨 특별함이 있는지 생각해보았다.

막내아들 다윗을 부르신 하나님

사무엘은 하나님이 사울을 버리고 다음 왕을 준비하고 계심을 알고 하나님이 지시하시는 이새의 집으로 갔다. 그곳에는 이새와 그의 아들들이 기다리고 있었다. 당대 최고의 선지자인 사무엘의 방문은 아마도 그 동네에 큰 이슈가 되었을 것이다. 사무엘은 기다림과 기대감으로 하나님이 선택하신 한 사람을 향해 걸음을 재촉한다.

그가 도착하자 이새의 아들들이 사무엘의 도착을 기뻐하며 한 명씩 그 앞을 지나갔다. 사무엘은 이들 중 한 사람에게 기름 부을 것을 기대하며 그들의 건장하고 우람한 외모에 감탄하지만 모두가 지나가도록 하나님은 침묵하셨다. 사무엘의 의문에 하나님은 한 말씀만 하신다.

여호와께서 사무엘에게 이르시되 그의 용모와 키를 보지 말라 내가 이미 그를 버렸노라 내가 보는 것은 사람과 같지 아니하니 사람은 외모를 보거니와 나 여호와는 중심을 보느니라 하시더라 삼상 16:7

하나님은 사무엘을 이새의 집에 보내실 때 그 집의 막내아들인 다윗에게 기름을 부으라고 말씀하시지 않았다. 그리고 사무엘에게 그의 형들을 먼저 보게 하셨다. 처음부터 다윗을 말씀하셨다면 사무엘이 시간을 낭비해가며 형들을 보지 않고 바로 다윗을 불러오라 했을 것이다. 그런데 그렇게 하지 않으셨다. 뭔가 의도가 있으신 것이다. 그리고 그것이 바로 하나님이 이 세상을 향해 말씀하고 싶어 하시는 내용이다.

"사람은 외모를 보거니와 나 여호와는 중심을 본다."

사무엘은 다윗을 보는 순간 하나님의 영으로 감동했다. 그리고 다윗의 머리에 하나님의 기름을 붓는다. 다윗은 그때까지만 해도 자신에게 어떤 일이 일어나고 있는지 몰랐다. 앞으로 자신의 삶에 어떤 미래가 닥칠지 전혀 예상하지 못했다. 평소처럼 들에서 양을 치고 있는데 누군가의 부름을 받고 집으로 달려갔고, 영문도 모르고 어떤 선지자에게 기름부음을 받았다.

당시 다윗의 가족을 포함한 그 누구도 다윗이 이스라엘의 다음 왕이 될 거라고는 꿈에도 생각하지 못했을 것이다. 그 일은 오직 하나님만 알고 계셨다.

Young David, 아직 어렸던 다윗은 기름부음을 받자마자 하나님의 영으로 감동했다. 기름부음과 하나님의 영, 이것이 하나님의 뜻이다. 누구든지 하나님의 기름부음이 있는 사람들은 하나님의 영으로 감동한다. 하나님의 영은 그렇게 다윗을 만들어간다.

나는 우리 세대를 사는 Young David을 보고 싶다. 아무도 다윗을 주목하지 않았지만 다윗은 하나님의 중심에 있는 사람이었다.

그때 그의 나이는 15, 16세 정도로 추측되는데, 지금으로 말하면 중학생 정도의 나이다. 물론 같은 나이라 해도 시대적인 차이가 클 것이다. 하지만 다윗도 집안에서 그렇게 중요한 역할을 하지 못했던 막내 철부지였을 것이다. 하나님은 그에게 기름을 부으셨다. 우리는 다음 세대를 바라보며 어떤 기대를 가지고 있는가?

우리의 Young David

사실 나는 개인적으로 한국의 청소년들을 많이 접해보지 못했다. 한국에 있을 때의 사역도 주로 대학생들과 청년들을 대상으로 했었기 때문이다. 청소년들에게 설교나 집회를 해본 적도 거의 없다. 몇 번 시도는 해봤지만 청소년들의 사고방식이나 개념을 이해하기가 쉽지 않았다.

그런데 한국에 들어가 있는 동안 지방의 한 기독교 대안학교에서 집회 부탁을 해왔다. 후배의 부탁이라 거절하기가 쉽지 않았지만 중고등학생들을 대상으로 말씀을 잘 전할 자신이 없어 고민하다 고사했다. 하지만 결국 나는 학생들을 만나러 가게 되었다. 3일간 네 번의 강의를 해야 했는데 그들을 향해 가는 발걸음이 정말 너무나 무거웠다.

다행스럽게도 3일은 금방 지나갔다. 무슨 말을 했는지 생각도 안 났다. 마치 벽에다 대고 얘기하는 것 같은 느낌도 들었고, 혼자 떠들다 끝난 느낌도 들었다. 수요일 마지막 강의를 마친 후에 숙소로 돌아온 나는 어찌되었든 집회가 다 끝났다는 것에 기뻤다.

짐을 싸고 나를 터미널까지 데려다줄 선생님을 기다리고 있는데 두 시간이 넘어가도록 아무도 나를 데리러오지 않았다.

'오늘 내가 서울로 돌아간다는 걸 잊어버리셨나?'

살짝 불안한 마음이 엄습하는 순간, 너무 늦어서 미안하다는 말을 전하며 들어오시는 두 분의 선생님 눈에 눈물이 고여 있었다. 선생님의 설명을 들으니 집회는 12시에 끝났는데, 학생들이 집회 후에도 강당을 떠나지 않고 쉬지 않고 기도했다는 것이다. 점심시간이 다 되어가도록 이어지는 기도로 인해 선생님들이 강당을 떠날 수 없었다고 한다.

'하나님께서 이곳의 청소년들을 위해 나를 보내신 이유가 있었구나' 하고 생각하면서 방문을 나서는데, 방문 밖에는 몇 명의 학생들이 눈이 퉁퉁 부은 채로 나를 기다리고 있었다. 학생들은 자신들을 위해 기도해주고 가라고 나를 막아섰다. 학생들의 얼굴이 자못 진지했다.

그중 한 학생은 고등학교 2학년이었는데 부모님이 중국 선교사이셨다. 중국에서의 생활은 아이에게 쉽지 않았고, 부모님의 삶이 이해되지 않았다. 그런데 집회 기간 동안 자신의 부모님이 왜 중국 선교사로 살아야 하는지, 그리고 자신이 왜 이곳으로 보내졌는지 이해할 수 있었다고 말했다. 그리고 자신을 중국의 청소년을 위해 하나님이 부르셨다는 것을 깨달았다고 했다.

학생의 고백을 들으면서 눈물이 났다. 부모님에 대한 원망도 느껴지고 자신에 대한 자멸감도 느껴졌다. 그리고 다시 자신을 향한 하나님의 부르심을 만난 기쁨의 눈물도 봤다. 이 학생은 중국의 청소년을 위해 다시 그 땅을 밟게 될 것이다.

또 한 친구는 중학교 2학년이었는데, 아이의 첫 마디가 이랬다.

"선교사님, 저는 그렇게 살지 않을 겁니다."

중학교 2학년이 살면 얼마나 살았다고 이렇게 말하는지, 웃음이 났지만 웃을 수가 없었다. 아이의 입에서 나온 말에는 비장함과 진지함이 담겨 있었다. 아이는 이 땅의 기성세대처럼 살지 않겠다고 했다. 자신이 책임을 가지고 살아야 하는 나이가 되면 최소한 이 땅을 이렇게 부패하게 만들지 않겠다는 말이었다.

웬만한 어른에게서도 느낄 수 없는 아이의 각오는 나를 심각하게 만들었다. 나는 아직도 그 아이의 비장한 각오를 기억한다. 그리고 그 아이의 각오가 또 다른 사람에게도 전달되기를 기도할 뿐이다.

일반 학교에서 적응하지 못해 대안학교에 오게 된 한 아이는 이렇게 말했다.

"선교사님, 아직 잘 모르겠지만 이번에 제 인생에 가장 중요한 시간을 보낸 것 같아요. 하나님에 대한 기대가 생겼어요."

그 외에 다른 아이들의 고백도 같았다. 아이들과 오랜 시간을 보내며 이야기를 나누었다. 덕분에 서울로 가는 차를 놓쳐 귀경이 늦어졌지만, 나는 그날 새로운 하나님의 능력을 경험했다. 하나님의 Young David을 만났기 때문이다.

모든 문제에는 원인이 있다

하나님은 부모에게 권위를 주심으로 자녀들을 키우게 하셨다. 이 권위는 세상이 주는 것이 아니고 하나님이 모든 부모에게 주신 것이다. 이것은 또한 하나님의 사랑의 통로이기도 하다. 하나님은 부모를 통해서 자신의 사랑을 자녀들에게 전달하고 표현하신다.

그런데 우리의 다음 세대를 보고 있노라면 자연스레 탄식과 한숨이 나올 때가 많다. 학생들은 더욱 과감히 범죄를 자행하고 학교의 교권은 무너진지 오래다. 가정에서 떠난 학생들이 거리를 방황하고 그들만의 세상에서 그들만의 인생을 살지만 사회 어디도 그들을 위해 희생하는 곳은 없다.

그러나 원인 없는 문제는 없다. 이미 우리는 이 사회가 경쟁과 비교 그리고 학력위주와 외모지상주의 등 외형으로 갖추어진 것에 비중을 두기에 점점 어두워지고 있음을 알고 있다.

아이들이 마음껏 뛰어놀아야 할 나이에 학원 차에 몸을 싣고 여기저기 옮겨 다녀야하고, 맞벌이하는 부모를 둔 덕에 밤늦게 초죽음이 된 지친 몸을 가지고 들어오는 부모를 볼 뿐이다. 아이들과의 충분한 대화도, 스킨십도, 오고가는 사랑도 나눌 시간이 없다.

많은 아이들이 부모의 깨어짐으로 말미암아 역기능가정에서 자라난다. 부모의 이혼과 부재 그리고 경제적 어려움과 가정 폭력 등에 상처 입고 스스로 목숨을 끊는가 하면 자신의 인생을 스스로 포기하는 아이들도 많아진다.

이렇게 무너진 가정과 사회에서 자란 아이들이 도대체 어떤 사람으로 성장할 수 있을지…. 지금의 가정과 사회를 본다면 우리의 미래는 그렇게 밝지 않은 것 같다.

어느 모임에서 우연히 내가 아는 집사님의 이야기를 듣게 되었다. 남편과 한 집에서 지내지만 거의 20년 동안 남편과 말을 섞지 않았다고 한다. 나에게는 이 분이 남편을 마음에서 지워버렸다는 의미로 들렸다. 부부 사이에 무슨 일이 있었는지는 모르지만, 2년도 아니고 20년간이나 한 집에서 대화하지 않고 사는 건 상상이 잘 되지 않았다.

집회에서 이 분을 만났지만 집사님은 강사인 내가 본인의 사정을 알고 있다고 생각하지 못했다. 그런데 3일간의 집회가 끝나고 식사하는 자리에서 집사님은 남편과 대화를 하기 시작했다고 고백하셨다. 하나님께 감사드리지 않을 수 없었다.

나는 이 부부도 그렇지만 그 집에 함께 살고 있는 자녀들이 더 안타까웠다. 아이들을 생각하면 한숨이 절로 나왔다. 그동안 사랑이 없는 가정에서 얼마나 힘든 시기를 보냈을까? 가장 따뜻하고 편안해야 할 가정이 동굴로 변했을 것이 뻔했다. 부모가 서로 사랑하지 않는 것을 보는 자녀의 마음에서는 사랑이 식어지고 사회에 대한 불편함이 가득 찰 수밖에 없다. 청소년이 되고 청년이 되어도 그들의 마음은 차가운 얼음 위에서 사는 기분일 것이다.

부모는 하나님이 보내신 최고의 선지자

다시 사무엘이 다윗에게 기름 부은 날로 돌아가보자. 하나님이 요나단이 아닌 다윗을 선택하신 이유 중 하나는 아마도 그가 사울을 아버지로 두었기 때문이 아닐까 싶다. 하나님께 순종하지 않는 아버지를 둔 요나단은 다윗의 그림자일 뿐이었다.

나는 성경에 나오는 인물 중에서 가장 마음 아픈 사람을 꼽으라면 요나단을 꼽는다. 하나님을 경외하고 친구 다윗을 사랑한 왕자였지만 그의 최후는 아버지와 별로 다르지 않았다. 하나님을 거역하는 아버지를 둔 요나단. 그것이 아마도 다음 세대에 영향을 줄 수 있었기에 사울의 아들이 아닌 다윗을 왕으로 세우신 것이 아닌가 생각해본다.

다윗은 하나님께 선택된 사람이다. 15세의 청소년이 과연 하나님의 마음에 무엇을 전달했기에 하나님이 중심으로 기뻐하는 사람이 될 수 있었을까?

앞에서도 말했듯이 우리 모두에게는 각자의 선지자가 있다. 왕이 된 후에는 나단이 다윗의 선지자였지만, 당시에는 사무엘이 그의 선지자였다. 다윗에게 기름을 부어 왕을 삼을 하나님의 대사이기도 했다. 사무엘의 기름부음은 '다윗 왕'이라는 그의 미래를 향한 것이었다.

선지자는 하나님의 마음을 알아 그분의 말씀을 듣고 앞으로 오게 될 일들을 예언하는 사람이기도 하다. 부흥케 하는 예언도 있고 망하게 되는 예언도 있다. 이 예언은 하나님에게서 나오는 것이기에 누구도 예측할 수 없다. 선지자는 그의 기도와 기름부음에 하나님의 능력이 있음을 안다. 그래서 함부로 예언해서도 안 되고 기름을 부어서도 안 된다.

하나님이 선지자에게 주시는 또 다른 은혜는 하나님이 그의 기도를 들으시고 그의 간절한 중보에 응답하신다는 것이다. 그가 기도할 때 하나님이 마음을 바꾸기도 하시고 돌이키기도 하신다. 그래서 선지자는 늘 주님 앞에 머물러야 한다. 주님께 듣고 또한 주님과 사람들 사이에서 중재하기도 한다. 깨어짐 때문에 울기도 하고 회복을 보면서 춤추기도 한다. 선지자에게는 주님과 가까이 있는 것이 기쁨이다.

> 주 여호와께서는 자기의 비밀을 그 종 선지자들에게 보이지 아니하시고는 결코 행하심이 없으시리라 암 3:7

이 땅을 사는 자녀들에게 주어진 최고의 선지자는 부모다. 선지자는 하나님이 정해주신 기준대로 살아가는 것이 무엇인지 가르쳐야 한다. 그러니 부모는 망하는데 자녀가 흥할 것을 기대하지 말라. 부모가 선지자가 되지 못하면서 자녀들이 주 안에서 잘 자라기를 바라지 마라. 그것은 마치 자기의 자녀를 남에 집에 보내어 키우려는 것과 같다.

하나님은 자녀에 대한 비밀을 그의 선지자인 부모에게 보이실 것이다. 그것을 볼 줄 아는 부모가 다음 세대를 준비할 수 있다. 지금 우리가 보고 있는 다음 세대의 문제는 부모 세대가 하나님의 말씀을 전하는 선지자의 역할을 제대로 하지 못함으로 나타나는 것이다.

주 여호와의 말씀이니라 보라 날이 이를지라 내가 기근을 땅에 보내리니 양식이 없어 주림이 아니며 물이 없어 갈함이 아니요 여호와의 말씀을 듣지 못한 기갈이라 암 8:11

선지자가 없는 이 땅의 다음 세대들에게 기근이 임했다. 양식이나 물이 없는 것이 기근이 아니고 하나님의 말씀이 없는 것이 기근이다. 언젠가는 그 기근이 사람을 마르게 할 거다. 사람들과 살아가는 데 갖춰야 할 인격도, 하나님 앞에서 살아가는 데 가져야 할 신앙도 점점 메말라가고 있는 것이 지금 우리 사회의 현상이다. 물질은 많아지지만 인성은 떨어진다. 아이들은 어른들이 만들어 놓은 세상에 태어나 살아갈 뿐이다. 어른들이 만들어 놓은 기근의 시대를 힘없는 청소년들이 살아갈 뿐이다. 그 기근의 땅에서 우리의 다음 세대는 메말라가고 있다는 사실을 잊지 말아야 한다.

자녀들에게 부를 남겨주는 것을 부모의 도리라고 생각한다면 그 자녀들은 그 부로 말미암아 세상의 사람이 될 거다. 자녀에게 남들처럼 좋은 교육을 시키는 것만이 도리라고 생각한다면 그들은 세상 지식의 종으로 자랄 거다. 많이 가지고 많이 누린다고 풍년이라고 생각하지 말아야 한다. 진정한 풍년은 하나님의 말씀이 충만할 때 나타난다.

지금까지의 삶이 그렇지 못했다 할지라도 오늘 우리가 다시 하나님의 부르심을 믿는다면, 우리를 자녀의 선지자로 부르셨다고 믿는다면 다시금 선지자로 설 수 있다. 우리가 자녀들에게 사무엘이 되는 것이다. 그의 머리에 손을 얹고 믿음으로 자녀의 미래를 위해 축복하는 것이다.

지금 자녀들은 아무것도 준비되어 있지 않다. 그냥 어린아이일 뿐이고 미래가 잘 보이지 않을 수 있다. 나이가 적든 많든 우리에게 자녀가 있다면 그들은 나의 기도와 축복이 필요한 미래의 다윗이다.

선지자는 미래를 보는 사람이다. 지금 내 자녀가 조금 부족하고 약하고 남들 같지 않다고 해도 그것이 끝이라고 생각하지 말라. 그렇게 되면 우리는 자녀들의 미래를 볼 수 없다.

다윗이 사무엘에게 기름부음을 받을 때는 평범한 양치기 소년이었음을 기억하자. 그러나 사무엘은 다윗을 양치기 소년이 아니라 하나님의 사람으로 봤다. 열방을 바꾸게 될 사람, 민족을 세우게 될 사람, 하나님의 꿈을 위해 살게 될 사람, 이 땅에 공평과 정의를 실천할 사람.

모든 부모는 하나님이 보내신 자녀의 선지자다. 부모가 선지자의 역할을 해야 내 자녀가 기근을 맞지 않는다. 믿음으로 자녀에게 하나님의 기름을 붓고 하나님이 주시는 마음으로 그를 위해서 기도해 주어야 한다. 기도는 내가 하지만 그것을 이루실 분은 하나님이시다. 우리가 할 일은 부모로서 자녀에 대한 하나님의 뜻이 무엇인지 분별하는 것이다.

하나님의 꿈

이새의 막내아들이었던 양치기 소년 다윗에게 하나님이 가지고 계신 꿈이 있었다. 다윗을 이스라엘 왕으로 세우는 것이다. 그러나 다윗을 위한 꿈이 있기 오래전부터 하나님이 가지고 계신 꿈이 있으셨다. 하나님이 기대와 소원을 가지고 인간을 창조하시고 그 인간에게 모든 권위와 복을 주시며 가지셨던 꿈이 있으셨다. 그것은 이 땅에 사는 모든 민족과 자연이 하나님을 노래하고 예배하는 것이다. 그것이 그분이 보고 싶어 하시는 나라이다.

우리의 창조주이신 하나님 한 분만이 유일하신 왕으로, 지존자로 모든 민족에게 찬양과 영광을 받으셔야 한다. 그러나 인간의 죄와 배신은 그분의 아들 예수 그리스도를 십자가에 매달리시게 했다. 하나님의 꿈은 그렇게 깨져가는 듯했지만 하나님은 그분의 민족 이스라엘과 그분의 아들 예수님과 그 제자들을 통해서 다시 그 꿈을 이루어가셨다.

> 이는 한 아기가 우리에게 났고 한 아들을 우리에게 주신 바 되었는데 그의 어깨에는 정사를 메었고 그의 이름은 기묘자라, 모사라, 전능하신 하나님이라, 영존하시는 아버지라, 평강의 왕이라 할 것임이라 그 정사와 평강의 더함이 무궁하며 또 다윗의 왕좌와 그의 나라에 군림하여 그 나라를 굳게 세우고 지금 이후로 영원히 정의와 공의로 그것을 보존하실 것이라 만군의 여호와의 열심이 이를 이루시리라 사 9:6,7

이 말씀은 하나님이 이루실 꿈을 표현하고 있다. 하나님은 이사야에게 그분의 아들 메시아가 오게 될 것을 미리 예언하셨다. 그분은 평강의 왕으로 오셔서 다윗의 왕좌에 앉아 그 나라를 굳게 세우시고 영원토록 정의와 공의로 그 나라를 보존하실 것이다.

여기서 말하는 '그의 나라'는 하나님의 나라, 하나님이 꿈꾸시는 나라, 모든 이가 하나님을 노래하고 그 앞에서 경배하게 될 그 나라를 말한다. 하나님은 인간이 깨뜨린 '그 나라'를 그분의 아들을 보내심으로 정의와 공의로 영원토록 보존하실 것이다.

인간이 하나님을 떠나 파괴한 나라의 공통점은 정의와 공의를 상실해버렸다는 것이다. 잠언에는 공평한 저울이 나온다.

> 공평한 저울과 접시 저울은 여호와의 것이요 주머니 속의 저울추도 다
> 그가 지으신 것이니라 잠 16:11

공평한 저울과 접시저울은 공정한 상거래를 할 때 필요하다. 저울을 속이는 행위는 비도덕적인 거래다. 공평함은 하나님으로부터 나온다. 하나님은 공정한 분이시기에 그 공정함의 기준을 인간에게 허락하셨다. 공평한 저울에 달아 깨끗하게 거래하듯이 누구를 속이거나 거짓하지 않고 모든 사람들이 공정한 기준 아래 살기를 바라는 것이다.

그런데 사람들은 자신의 이익과 소득에만 눈이 멀어 하나님의 공평한 저울을 속이는 저울로 만들고 있다. 세상을 둘러보면 하나님의 공평의 저울을 잣대로 삼아 중심을 지키는 사람들이 그렇게 많지 않음을 보게 된다. 비도덕적 상거래가 일반화되고, 공정한 길보다는 빠른 길을 택하는 사람들이 더 많아진다. 공평함을 잃어버린 사회에서 힘없는 사람들은 언제나 부당한 짐을 지고 살아야 한다.

하나님의 눈은 가난하고 소외된 사람들을 잊지 않으신다. 그들의 아픔과 삶의 애환에 대해 무시하지 않으신다. 강도 만나 길거리에 넘어져 있는 사람들을 향한 예수님의 메시지를 기억하는가?

어떤 사람이 예루살렘에서 여리고로 내려가다가 강도를 만나매 강도
들이 그 옷을 벗기고 때려 거의 죽은 것을 버리고 갔더라 마침 한 제사
장이 그 길로 내려가다가 그를 보고 피하여 지나가고 또 이와 같이 한
레위인도 그곳에 이르러 그를 보고 피하여 지나가되 눅 10:30-32

제사장도 바리새인도 서기관도 그를 지나쳤다. 그런 사람들은 직
책도 높고 하는 일이 많아서 바쁠 것이다. 아니 바쁜 척하며 자신을
포장할 수도 있다. 이 사람들은 하나님의 공평함을 잃고 사는 사람
들이다.

만일 강도 만난 사람과 그 길을 지나가는 제사장을 저울에 올려
놓는다면 무게가 더 많이 나가는 제사장 쪽으로 기울 것이다. 이때
공평함을 아는 사람은 자기가 가지고 있는 힘의 무게를 상대방에 전
달해서 균형을 맞춘다. 이것이 공평함을 아는 사람의 태도이다.

이런 태도를 가지는 사람이 많아진다면 하나님의 공평을 이해하
고 그대로 살아가는 사회가 될 수 있을 거라는 확신이 있다. 혹 그
리스도의 몸 안에 있는 수많은 교회가 이것을 이해할 수 있지 않을
까? 교회마저 자기 몸을 불리려고만 한다면 언젠가는 그 무게 때문
에 힘의 균형을 잃게 될 것이다. 흘려보내야 다시 채워지는 게 하나
님나라의 원리다.

회복하시는 하나님의 열심

하나님의 나라가 망가져가고 있다. 인간의 죄는 이 땅을 더럽게 물들이고 있다. 순전한 사람들이 아픔을 당하고 가난한 사람들이 설 땅을 잃어버리고 있다. 예배를 드려야 할 성전은 싸움으로 가득하고 공평한 저울을 사용해야 할 상거래는 속임으로 가득하다. 사회 곳곳에서 불법과 부정이 주인 노릇을 하면서 거짓이 버젓이 인정을 받고 있다. 사람들은 적을 만들고 서로 비교하고 경쟁하면서 자신들의 행동을 정당화한다.

정의는 법을 잘 지키고 옳은 일을 선택하는 것만이 아니라 진리를 알고 그 진리대로 사는 것을 말한다. 불법과 부정, 거짓과 속임이 난무하는 세상, 하나님을 잊고 사는 세대에서는 정의가 나올 수 없다.

그럼에도 하나님은 이 땅을 보존하겠다고 하신다. 그것이 바로 하나님의 열심이다. 하나님이 꿈을 이루기 위해 열심을 내신다. 하나님의 꿈은 하나님의 열심으로 이루어진다.

사람의 열심이 아니다. 성직자나 선교사나 어떤 사람들의 열심이 아니다. 태초부터 지금까지 인간이 한 일은 아무것도 없다. 인간은 하나님이 주시는 은혜를 받아 살아가는 존재일 뿐이다.

내가 아무리 최전방에서 사는 사람이라고 떠들어대도 나는 하나님의 열심이 없으면 아무것도 할 수 없는 사람이다. 큰 교회에서 사역한다고 자랑하는 사람도 그것이 자신의 열심과 노력에 의한 것이 아님을 알아야 한다. 이 모든 것이 하나님의 열심으로 인한 것이다.

그분이 시작하시고 그분이 끝내신다. 하나님의 열심을 이해하는 사람만이 하나님의 꿈을 이해할 수 있다.

나는 여호와이니 이는 내 이름이라 나는 내 영광을 다른 자에게, 내 찬송을 우상에게 주지 아니하리라 사 42:8

나는 이 말씀에서 하나님의 꿈을 발견했다. 하나님의 영광, 그 고유의 영광은 하나님의 것이다. 하나님은 온 우주에서 마땅히 영광을 받으셔야 할 유일한 분이다. 그 영광이 인간의 죄로 깨지고 더럽혀졌으며 쓰레기처럼 취급되어 구석 어딘가에 처박혔다.

하나님이 받으셔야 할 그 마땅한 영광의 자리에 인간이 앉아서 박수를 받고 있고, 기계와 과학이 그 자리를 차지하고 있으며, 세상의 지식과 이론이 이를 대신하고 있다. 죄와 거역과 반역과 부정과 부패가 그 영광을 쓰레기로 만들어버린 것이다. 이 모든 것의 중심에는 인간이 있다.

하나님의 꿈 안에 있는 사람들

내 꿈은 모든 모슬렘 국가에서 하나님을 찬송하는 것이다. 시편 67편은 이렇게 노래한다.

하나님이여 민족들이 주를 찬송하게 하시며 모든 민족들이 주를 찬송하게 하소서 온 백성은 기쁘고 즐겁게 노래할지니 주는 민족들을 공평히 심판하시며 땅 위의 나라들을 다스리실 것임이니이다 (셀라) 하나님이여 민족들이 주를 찬송하게 하시며 모든 민족으로 주를 찬송하게 하소서 시 67:3-5

영적 최전방의 땅에서 하나님의 이름을 부르며 그 영광을 노래하는 것이 내 꿈이다. 하나님이 마땅히 받으셔야 할 그 영광의 찬송을 하나님을 가장 모르는 그 땅에서 드리는 것이 내 꿈이다. 아니, 이것은 하나님의 꿈이시기도 하다.

하나님의 꿈은 다윗이라는 한 사람에게만 주어진 것이 아니다. 모든 민족을 향한 하나님의 꿈을, 다윗은 그 한 세대 동안 담당했을 뿐이다. 다윗은 크고 광대하신 하나님의 꿈을 그 세대에 이루도록 택함 받은 종이었다.

하나님의 꿈은 다윗의 세대에서 끝난 것이 아니다. 지금도 계속된다. 우리 세대에서도 정의와 공의가 이뤄지고 모든 열방에서 하나님이 영광을 받으셔야 한다. 하나님은 스스로의 열심으로 아직도 온 열방에서 일하고 계심을 믿어야 한다. 우리의 열심이 아니라 하나님의 열심이 이 일을 이루게 될 것이다.

예수께서 나아와 말씀하여 이르시되 하늘과 땅의 모든 권세를 내게 주셨으니 그러므로 너희는 가서 모든 민족을 제자로 삼아 아버지와 아들과 성령의 이름으로 세례를 베풀고 내가 너희에게 분부한 모든 것을 가르쳐 지키게 하라 볼지어다 내가 세상 끝날까지 너희와 항상 함께 있으리라 하시니라 마 28:18-20

나는 이 말씀을 믿는다. 이 말씀은 그 어떤 성경 말씀보다도 하나님의 꿈과 그분의 열심이 나타나는 구절이다. 예수님은 십자가를 통해 하늘과 땅의 모든 권세, 즉 원수가 가졌던 사망의 권세까지 되찾으셨다. 그리고 그 권세로 모든 민족을 제자 삼는 일에 우리를 보내신다. 그들에게 세례를 주고 분부한 모든 것을 가르쳐 지키게 하라고 말씀하신다. 공의와 정의, 공평과 공정 그리고 복음과 사랑을 가르치라 하신다. 하나님은 그분의 영광이 깨어진 이 땅에 그분의 아들을 보내시고 그 아들로 말미암아 제자들을 보내시고 그들을 통해서 하나님의 꿈이 이뤄질 것을 알고 계신다. 이것이 하나님의 열심이다.

세상의 끝 날이 올 것이다. 우리는 그 세상 끝에 무엇이 있을지 고민하지 않아도 된다. 그 끝이 언제 올 것인지 고민하지 않아도 된다. 막연한 것도 아니고 두려운 것도 아니다. 우리가 보게 될 그 세상 끝에는 주님이 계시기 때문이다. 주님은 처음과 나중이시다.

지금 우리가 걷고 있는 길이 험하고 거칠다 해도, 그 길의 끝이 어디쯤일지 알 수 없는 막막함이 밀려온다 할지라도 우리는 그 길 끝에 주님이 계심을 믿어야 한다. 내가 걸어가고 있는 그 길 끝에 주님이 계신다면, 그 길은 내가 걸어야 하는 길이다.

주님이 말씀하시는 '모든 민족'은 나처럼 멀리 비행기를 타고 가서 만날 수도 있고, 우리 집 안에서도 만날 수 있다. 가까이 있는 민족이든 멀리 있는 민족이든, 모두가 주님이 우리에게 가서 전하라고 말씀하신 이들이다. 이들을 무시한다면 나는 하나님의 꿈을 모르는 사람일 것이다.

하나님의 꿈 안에 이들이 있다. 복음 없이 죽어가는 수많은 영혼, 그들이 하나님의 꿈 안에 있다. 만일 우리가 그들을 향한 하나님의 꿈을 분별할 수 있다면 우리는 최고의 삶을 살게 될 것이다. 누가 그런 삶을 살겠는가?

나는 글의 첫 부분에 소개했던 한 집사의 이야기로 이 글을 마감하고 싶다. 세상 사람들은 눈이 멀어 하나님의 말씀을 한 귀로 듣고 한 귀로 흘려버릴 때, 스데반 집사는 그 말씀을 귀로 듣지 않았다. 마음으로 들었다.

스데반처럼 마음으로 그 말씀을 듣고 싶어 하는 사람은 많지만 그럴 수가 없다. 하나님의 기뻐하시고 온전하시고 선하신 뜻을 분별하기에는 하나님과 너무 먼 곳에 서 있는 사람들이 많기 때문이다.

회개가 뭔지도 모르고 회심을 한 기억도 없다. 마음을 새롭게 하지 않고는 변화의 자리에 앉을 수 없다는 생각은 추호도 못한다. 불

행하게도 이들은 하나님의 뜻을 분별할 수 없다. 당연히 하나님의 꿈이 무엇인지 아는 건 불가능하다.

스데반은 하나님의 꿈을 받은 사람이고 그 꿈을 위해 산 사람이다. 그래서 행복했던 사람이다. 그 인생의 모든 초점은 하나님의 꿈이 자기를 통해서 어떻게 이뤄질지에 맞춰져 있었다. 그는 마치 예수님을 눈앞에 모시고 있는 것처럼 얘기하며 살았다. 그의 인생을 다 드려도 아깝지 않은 건 하나님의 꿈이 자기의 꿈이 되었기 때문이다.

스데반은 죽음을 두려워하지 않았다. 다만 자기 안에서 하나님의 꿈이 사라지는 것을 두려워했을 것이다. 예수님 없이 사는 것이 죽음보다 두려웠을 것이다.

순종은 죽음보다 강하다. 세상에서 가장 아름다운 것은 내 인생을 드리고 그 앞에 순종하며 살 수 있는 분을 만나는 것이다. 주님의 눈물 한 방울이 모든 것을 말해주듯이 순종은 주님의 눈물을 만든다. 나는 매일같이 주님의 눈물을 만들고 싶다. 슬픔의 눈물이 아니고 고통의 눈물도 아니다. 주님의 눈물 한 방울이 내 가슴에 떨어지고, 그 사랑의 눈물이 내 가슴에 깊게 자리 잡고 있는 한 나는 순종의 바다에서 돌아오지 않을 것이다. 비록 내가 타고 있는 배가 허름하고 보잘것없을지라도.

하나님과 예수님은 스데반의 마지막을 앉아서 지켜보실 수 없었다. 하나님의 눈물 한 방울이 스데반을 적실 때 하나님은 그분의 꿈이 이뤄지고 있음을 아셨다. 그는 하나님의 꿈을 위해 살다가 세상 끝으로 먼저 갔다. 그 끝에는 말씀처럼 예수님이 계신다.

　나도 그분을 그 끝에서 뵙고 싶다. 내 인생을 온통 하나님의 꿈으로 살면서 말이다.

변화는 오늘을
바로 보는 데서 시작된다

몇 년 전에 미국에 갔을 때 어떤 분이 나에게 "미국이 선교지라고 생각하십니까?"라는 질문을 했다. 나는 고민하지도 않고 "아니요. 그렇게 생각하지 않습니다"라고 대답했다. 그랬더니 그 분은 나에게 "미국은 선교지입니다"라며 이렇게 말씀하셨다.

"복음을 위해 많은 교회가 생기고 제일 많은 선교사를 파송했지만 미국은 지금 영적으로 가장 큰 위험에 놓여 있습니다."

나는 미국의 영적인 상황을 잘 몰랐지만, 그 분의 말에 수긍이 되었다.

작년에 한국에 갔을 때 만났던 한 목사님의 절규와 같은 이야기가 아직도 내 마음에 남아 있다. 그 목사님도 나에게 질문하셨다.

"선교사님, 한국이 선교지라고 생각하십니까?"

몇 년 만에 한국에서 똑같은 질문을 받은 나는 잠깐 당황했다. 나는 지금까지 한국이 선교지라고 생각해본 적이 한 번도 없지만, 몇 년 전에 미국에서 받았던 질문이 생각나서 어떻게 대답을 해야 할지 몰랐다.

"선교사님, 지금 한국은 영적으로 가장 큰 위험에 놓여 있습니다."

그리고 미국에서 들었던 말을 똑같이 들었다. 한국은 이제 다시 선교사가 필요한 선교지가 되었다는 것이다. 가정은 깨져가고, 교육은 무너지고, 정치는 흔들리고, 교회는 세속화를 향해 간다. 성도들은 점점 줄어들고, 목회자들은 힘을 잃어가고 있다. 말끝을 흐리며 흐느끼는 목사님의 이야기를 나는 끝까지 들을 수가 없었다.

한국이 선교지라…. 인정하고 싶지 않은 그 사실 앞에 착잡한 마음을 숨길 수가 없었다.

'나를 선교사로 보낸 내 나라에 다시 선교사가 필요하다는 말인가? 100년 전에 복음을 들고 들어왔던 선교사들이 다시 복음을 들고 한국 땅으로 들어와야 하나? 한국을 향한 하나님의 꿈은 무엇일까? 그 꿈을 꾸는 사람들은 한국에 몇 명이나 될까?'

미래의 다윗(Young David)을 지키고 그들을 세우는 것이 기성세대의 역할이지만 그 역할을 못하고 있는 현실 앞에 고개가 떨구어졌다. 이 땅의 어른들은 다음 세대 앞에 머리 숙여 용서를 구해야 한다.

그 날에 내가 다윗의 무너진 장막을 일으키고 그것들의 틈을 막으며 그 허물어진 것을 일으켜서 옛적과 같이 세우고 그들이 에돔의 남은 자와 내 이름으로 일컫는 만국을 기업으로 얻게 하리라 이 일을 행하시는 여호와의 말씀이니라 암 9:11,12

나는 이 말씀을 믿는다. '다윗의 무너진 장막'은 다윗의 장막, 즉 예배의 장막을 말한다. 무너진 예배의 장막을 일으킨다는 것은 하나님께 드리는 영광의 예배의 회복을 말한다. 예배가 회복되어야 한다. 하나님이 안 계신 예배는 아무 의미가 없다.

'틈'은 원수가 들어오는 모든 기회를 말한다. 교회 안에 세속의 옷을 입고 들어오는 원수의 길을 차단하고, 그것을 허용하는 모든 틈을 막아 더 이상 교회가 세속화되지 않게 하시겠다는 말씀이고, '허물어진 것' 곧 부서진 것을 일으키실 것이라 말한다. 건강해 보이지만 타락해가고 있는 공동체의 몸을 다시 일으켜서 이전의 하나님의 영광을 선포하는 성전이 되게 하신다는 말씀이다. '에돔'은 이방인들을 말한다. 이방인들의 남은 자와 하나님의 이름으로 일컫는 모든 민족들이 하나님의 기업을 얻게 하실 거란 예언이다.

성경엔 '그 날'이라는 말이 자주 나온다. 이 말씀에도 '그 날에'라는 말이 나온다. 이것은 하나님의 의지를 말한다. 우리가 기다리든지 안 기다리든지 하나님이 정하신 '그 날'은 분명이 온다. '그 날'에 있게 될 이 많은 일들을 나는 기다린다. '그 날'이 내가 사는 세대일 수도, 내 다음 세대일 수도 있다. 이 일을 행하시는 분은 사람이 아니다. 이 일을 행하시는 분은 하나님이시다. 그래서 나는 이 말씀을 믿는다.

소망하는 건, '그 날'이 속히 왔으면 좋겠다.

사랑하는 주님,
온 열방이 하나님을 몰라 방황하는 것을 보면서
한시도 쉴 수 없습니다.

수많은 영혼들이 우상 앞에 절하며
그들을 경배하는 것을 보면서
당신이 받으셔야 할 영광을 생각해봅니다.
거리에는 길 잃은 젊은이들이 방황하고 있고
가정은 더 이상 우리의 보금자리 역할을 못하고 있습니다.
어른들은 자기의 이익에만 눈이 멀어 있고
교회의 영적인 권위는 점점 땅에 떨어지고 있습니다.
당신을 불러도 우리의 마음은 허전할 뿐입니다.

주님의 갈망을 압니다.

당신의 그 간절함을 압니다.

그 갈망을 우리에게 부어주십시오.

사랑하는 당신의 교회에 부어주십시오.

당신이 세운 모든 가정에 부어주십시오.

자기의 이익에만 눈먼 이 세대의 어른들에게 부어주십시오.

눈을 들어 당신을 보는 것이 우리의 힘입니다.

그 안에 모든 길과 생명이 있습니다.

당신의 꿈이 이뤄지는 데

우리의 교회를 사용해주십시오.

이 땅의 다음 세대를 기억하사

다윗의 기름부음을 거두지 마시고

당신의 교회에 부어주십시오.

세상이 감당할 수 없는 사람들이

당신의 교회에서 즐거이 헌신하여 나오는 것을

허락해주십시오.

순종을 잃어버린 세대에게
당신의 안타까움을 전해주십시오.
당신의 쓰라린 아픔을 전해주십시오.
혼자 눈물을 삼키시는 당신의 통곡을 전해주십시오.
이 땅을 향해 잠잠하지 마시고 당신의 선지자를 보내주십시오.
그리고 이 세대가 듣게 해주십시오.

사랑하는 주님,
당신의 꿈을 이뤄주십시오.
우리를 통해 당신의 열심을 나타내주십시오.
모든 나라가 하나님을 노래하는 그 날을 기다립니다.
모든 족속의 언어가 하나님의 영광을 선포하고
하나님을 경배하는 그 꿈을
잊지 않게 해주십시오.

이 땅의 교회를 잊지 말아주십시오.
이 땅의 교회에서 눈물이 마르지 않게 해주십시오.

천 번의 순종

초판 1쇄 발행　　2014년 12월 1일
초판 2쇄 발행　　2015년 2월 16일

지은이　　　　　이시온

펴낸이　　　　　여진구
책임편집　　　　1팀 | 이영주, 김수미
편집　　　　　　2팀 | 최지설, 김나연　　3팀 | 안수경, 유혜림　　4팀 | 김아진, 김소연
책임디자인　　　이혜영, 전보영 | 마영애, 오순영
기획·홍보　　　이한민　　　　　　　　　　　해외저작권　　　김나은
마케팅　　　　　김상순, 강성민, 허병용, 이기쁨　　마케팅지원　　최영배, 이명희
제작　　　　　　조영석, 정도봉　　　　　　　경영지원　　　　김혜경, 김경희

이슬비전도학교　최경식, 전우순　　　　　　　303비전성경암송학교　박정숙, 정나영, 정은혜
303비전장학회 & 303비전꿈나무장학회　여운학

펴낸곳　　　　　규장

주소　137-893 서울시 서초구 매헌로 16길 20(양재2동) 규장선교센터
전화　02)578-0003　팩스　02)578-7332
이메일　kyujang@kyujang.com　홈페이지　www.kyujang.com
트위터　twitter.com/_kyujang　페이스북　facebook.com/kyujangbook
등록일　1978.8.14. 제1-22

ⓒ 저자와의 협약 아래 인지는 생략되었습니다.
이 출판물은 저작권법에 의해 보호를 받는 저작물이므로 무단 전재와 무단 복제를 할 수 없습니다.

책값　뒤표지에 있습니다.
ISBN　978-89-6097-384-8　03230

규 | 장 | 수 | 칙

1. 기도로 기획하고 기도로 제작한다.
2. 오직 그리스도의 성품을 사모하는 독자가 원하고 필요로 하는 책만을 출판한다.
3. 한 활자 한 문장에 온 정성을 쏟는다.
4. 성실과 정확을 생명으로 삼고 일한다.
5. 긍정적이며 적극적인 신앙과 신행일치에의 안내자의 사명을 다한다.
6. 충고와 조언을 항상 감사로 경청한다.
7. 지상목표는 문서선교에 있다.

하나님을 사랑하는 자 곧 그의 뜻대로 부르심을 입은 자들에게는 모든 것이 合力하여 善을 이루느니라(롬 8:28)

Member of the
Evangelical Christian
Publishers Association
　　규장은 문서를 통해 복음전파와 신앙교육에 주력하는 국제적 출판사들의
협의체인 복음주의출판협회(E.C.P.A:Evangelical Christian Publishers
Association)의 출판정신에 동참하는 회원(Associate Member)입니다.